JN026184

年報行政研究 **58**

行政とジェンダー

日本行政学会 編

ぎょうせい

目　次

＜訃報＞

＜雑報＞

論　稿

行政とジェンダー
―行政学におけるジェンダー関連研究の端緒として―

大 谷 基 道

　今号の特集論文のテーマは、日本行政学会2022年度研究会の共通論題Ⅰ「行政とジェンダー」に由来する。本稿では、なぜいま行政におけるジェンダーの問題を取り上げたのか、企画担当者としてその趣旨を記すこととしたい[1]。

　内閣府の用法によると、ジェンダーとは「社会的・文化的に形成された性別」をいう。生物学的性別（セックス）に対し、社会や文化によって作り上げられた男性像・女性像のような男女の別を示す概念である[2]。これ自体は、良い悪いの価値を含まない中立的な概念だが、このような概念が存在することで、性別による固定的な役割分担や偏見などが生じることが問題とされている。

　行政におけるジェンダーの問題は、大きく分けて２つの視点から捉えることができる。１つは行政機関が展開する政策の内容やその形成過程に関するものであり、もう１つは行政機関の職員の人事処遇（男女平等取扱）に関するものである。

　このうち、前者については、1995年度の分科会「福祉・女性政策における権利と参加」における報告「自治体における女性政策形成の論理」（世登和美会員）、2016年度の共通論題「多様性と行政」における報告「渋谷区における男女平等及び多様性を尊重する社会を推進する取組について」（長谷部健渋谷区長）、2020年度の分科会「ダイバーシティと行政」における報告「LGBTと行政―どのような政策が求められ、決定・実施されているのか―」（小林慶太郎会員）などが見られるものの、それをテーマにした共通論題や分科会までは開催されてこなかった。後者に至っては、それに関する報告もなく、それをテーマにした共通論題や分科会もなかったようである。

　近年の我が国のジェンダー関連政策の動向を振り返ると、1999年に男女共同参画社会基本法が成立し、2003年には男女共同参画推進本部が「社会のあらゆる分

野において、2020年までに、指導的地位に女性が占める割合が少なくとも30%程度になるよう期待する」という目標を決定した。さらに、2012年に発足した第2次安倍内閣は、女性の力を「我が国最大の潜在力」と捉えて、我が国の成長戦略の目玉の1つとして「女性活躍」を打ち出し、2015年には女性活躍推進法を成立させた。これらの対象にはもちろん行政機関の女性職員も含まれる。

　上記のとおり、ここのところ特にジェンダー関連のさまざまな行政施策が展開されてきたにもかかわらず、当学会はジェンダーの問題について正面から取り上げてこなかった。決して研究すべきテーマがなかったわけではない。行政学の分野でいえば、行政機関における職員男女の偏在や女性登用（これは業務執行や人事管理のあり方、代表的官僚制論などにも波及する）、ジェンダー平等推進本部のあり方、中央省庁におけるジェンダー推進政策をめぐる諸問題など、さまざまな研究テーマが想起される。

　1975年を国際婦人年とし、男女平等の推進、経済・社会・文化への婦人の参加、国際平和と協力への婦人の貢献を目標に世界的な活動を行うことが決定された1972年12月の国連総会から2022年で50年を迎えた。また、2011年にジェンダーの平等と女性のエンパワーメントを担当する新たな国連機関としてUN Women（国連女性機関）が発足してからも既に10年が経過した。これらを1つの契機として、これまで当学会であまり取り上げてこなかった行政におけるジェンダーの問題を議論するためにこの共通論題が設けられた。共通論題としたのは、「まずは共通論題で幅広な議論を展開し、特定分野を掘り下げた議論は、後年、必要に応じて分科会で取り上げてもらえれば…」との考えによるものである。

　最近では、例えば科研費研究でも、「行政組織における女性管理職の増加メカニズムに関する国際比較研究」（代表：前田健太郎会員）、「公務の女性登用の促進要因と阻害要因：なぜ女性は管理職に登用されないのか」（代表：出雲明子会員）、「自治体第一線職員行動の業務比較分析：ジェンダー及び組織管理の視点から」（代表：荒見玲子会員）といった研究が出てきている。今後もさらに多くのジェンダー関連の研究が行政学分野でなされることであろう。

　今回の特集では、共通論題の報告者であった出雲明子会員と秋朝礼恵会員、そして共通論題の企画に多大なるご協力をいただき、当日は司会を担当される予定であった三浦まり会員が執筆を担当された。今回の共通論題とこの特集は、行政学におけるジェンダー関連研究の記念すべき第一歩となるものと確信しつつ、会

員の皆様方によって今後さらなる研究が続くことを期待したい。

【注】

1　筆者は人事行政を主たる研究分野としており、公務員人事におけるジェンダーの問題を取り上げることはあっても、ジェンダー論を専門としているわけではない。そのため、専門の方々からすれば的外れな部分もあるかもしれないが、ご海容いただければ幸いである。

2　近年は、従来の男女の別に当てはまらないトランスジェンダー、クエスチョニングなどの問題も指摘されているが、本稿では代表的な男女の問題に特に焦点を当てる。

<特集論文>

公務で女性職員の管理職への登用がなぜ進まないのか

―人事制度・運用への着目―

出 雲 明 子

― 要旨 ―

　本論文は、女性職員の登用の問題を、代表的官僚制、資格任用制・中立性との緊張関係から公務員制度研究上の課題として位置付ける。その上で、なぜ女性の登用が進まないのかを、女性職員のキャリアの分岐点、省庁別の女性登用と人事管理の慣行から示す。

　第一に、女性活躍推進法による目標管理により、係長級職員の登用の目標値は達成されても、女性職員のキャリアの分岐点は係長級から課長補佐級の段階にある。それ以上の職位への昇任を展望すると、女性職員に、管理職となるために必要な職務経験を付与する人材育成や、職域を拡大する配置を進める必要がある。

　第二に、近年、全体として、室長級や課長級への昇任に要する勤続年数は長期化したが、新たにこれらに登用される職員の勤続年数は短期化し、府省庁によっては昇任者の勤続年数の幅の拡大とキャリア展開の多様性が生じている。早期選抜やキャリアの多様性という新たな変化が、女性職員の登用にどのような影響を与えるのかは、目標値の達成状況と合わせて検証する必要がある。

　第三に、女性職員の管理職への登用が進展する府省庁では、一定の女性職員の在職に加えて、Ⅱ、Ⅲ種試験採用者、選考採用者が定期的に管理職に登用され、中途採用の割合が高いという特徴がみられることを指摘した。

▷キーワード：女性活躍推進法、代表的官僚制、資格任用制、早期選抜、キャリアの分岐点

1　公務員制度研究にとって女性職員の登用とは

⑴　日本型雇用慣行と女性職員

　行政学では、公務員の採用、人事異動、昇任、退職などの人事管理を対象として、入口選抜を重視する閉鎖型任用制や、年功的な昇進・給与制度、長期的な人

材育成の利点や課題を議論してきた[1]。閉鎖型任用制では、入口での試験区分を
その後の人事管理の基盤とし、中途採用は限定され、終身雇用により退職まで勤
務することなどが特徴とされた（西尾　2001、137－139）。年功的な昇進では、
採用年次別、試験区分別の人事異動で競争し、一定の職位までは昇進の足並みが
揃えられ、長期的に競争が続く（稲継　1996、34－36）。さらに、大部屋主義の
慣行により、組織の所掌事務は明確だが、個々の業務はその都度柔軟に割り当て
られる集団的な執務形態となる（大森　2006、63）。採用試験では、総合職、一
般職、専門職の区分はあるが、総合職の業務と人事異動の範囲は、日本企業にお
ける総合職と同様に、包括的である。給与制度では、税務職、公安職、専門行政
職等の俸給表があるものの、行政職が多数を形成している。

　これらの公務員制度の特徴は、採用試験が府省共通であり、給与制度も府省横
断的であること、公務員法と労働法の相違などを除いて、日本企業における日本
型雇用慣行と符合する。日本企業を対象とする女性登用に関する先行研究は、管
理職への女性登用が進まない理由として、日本型雇用慣行をあげる。長期継続雇
用慣行、年功的な賃金、昇進制度等、勤続年数を重視・強化する雇用管理によ
り、企業組織が労働者のキャリア形成に深く関与してきたため、諸外国と比較し
て、女性労働者の能力活用が遅れたのだとされる（武石　2006、2）。総合職の
無限定な働き方は、女性を排除しやすいとも指摘される（筒井　2015、103－
105）。

　しかし、こうした企業人事を対象とする研究での女性への着目とは対照的に、
公務員制度研究での人事制度と慣行の議論では、性別による人事の差異や女性の
登用に着目されることは少なかった。キャリアとノンキャリア（稲継　1996；川
手　2005）、事務官と技官（藤田　2008；新藤　2002）、官房型官僚と原局型官僚
（牧原　2003）といった人事管理上の区分は議論されてきたが、男女各グループ
の人事管理の相違はこれまで明らかにされていない。ただし、当事者からの証言
として、政治家と協働するポストや超過勤務が生じ得るポストには、本人の希望
で、または、希望をせずとも人事当局や周辺による配慮で、女性が配置されにく
い傾向が指摘されている（村木・秋山　2015、45、172；出雲・クリヴォ
2019、37）。それが個別的な対応か、人事管理上のグループを形成しているのか
は明らかになっていない。

　自治体職員を対象とした研究では、一定職位までは足並みを揃えるという「遅

い昇進」の慣行とは対照的に、実は「早い昇進」が行われているという指摘がある。ある指定都市では、入庁3、4年で実質的な選抜が行われ、そこでの結果が9～11年での係長級への昇進につながるという（松尾　2002、60-65）。また別の指定都市でも、最初の選抜は入庁3～5年で行われ、それが最短（8年）での係長級への昇進とさらに上位職への昇進につながるとされる（峯野　2000a、84；峯野　2000b、117）。ある県でも、昇進自体は35歳前後で足並みを揃えて行われるが、最初の選抜は入庁5年前後で始まっているという（竹内　2019、166）。

　これらの研究において、性別への着目は弱いが、松尾孝一（2021、17-18、26）は、前述の指定都市での同一対象者のその後の人事データを用いた中期キャリアを分析し、女性職員と男性職員との比較も行った。それによれば、入庁から31年目までの女性職員の残存率は高いが、昇進率は顕著に低い。この期間の係長級以上への女性職員の昇進者は入庁者21名中2名であった[2]。この状況は、公務が就業継続しやすい環境であることと同時に、女性職員のキャリア形成が係長級未満であることを示す。松尾（2021、26）は、この問題に対応するため、係長への選抜時期を遅くし、初期キャリア段階での配置・異動の均等化を図ることを提言する。

　公務には、行政職以上に女性の多い職種（教員、看護師等）がある。なかでも女性教員数は多いにもかかわらず、校長、教頭など管理職の女性割合はなぜ低率なのかが議論される。その要因として、主任への登用や勤務地の異動範囲などの人事慣行、管理職選考試験の受験資格、推薦者の有無など試験制度の問題が指摘されている（河野編　2017；楊　2018）。ただし、楊川（2018、144-145）の研究によれば、自治体別にみると、女性教頭の割合が低率な自治体だけではなく、高く維持している自治体、その伸びが著しい自治体もあり、多様性がある。同研究は、ある自治体の分析から、女性の登用を促進する要因として、促進の意向が明文化されていること、選考段階だけではなく、首席の登用、主任の積極的な任命等を通じて、制度的な候補者の育成が行われていることを示した。家庭と仕事の両立への家族からの支援の有無や異動の範囲が狭いなど教員としての勤務のしやすさも促進要因であるとされた。登用を促進する政策がない他の自治体でも、管理職選考試験の受験資格の要件が少ないこと、同試験の評価で勤務上の業績の割合が低く、試験成績の割合が高いこと、管理職の前段の教務主任の女性割合が

高いことが、管理職への登用を促進するとした。逆に、女性管理職の割合が低い自治体では、地域内にへき地校が多く、管理職選考試験の受験資格でもへき地校の勤務経験が求められること、管理職になる際、他校への異動が求められること、同試験で業績を重視する評価制度となっていることなどが女性の登用が進まない要因であるとした。ハードルが高い状況下で、数少ない女性校長は、学校経営参画（教務主任等への就任）を通じて管理職としての力量を形成した。このように、女性管理職の割合が低率であっても、管理職選考試験の受験率が高率で維持されており、試験の要件の変更がされにくいことも合わせて指摘された（楊2018、101）。

　管理職選考試験は、教員の登用に特徴的な人事管理の手法だが、これらの要因は、その他にも昇任試験を導入している企業や自治体（主任級、主査級、係長級といった管理職の前段階での実施も含めて）にもあてはまるかもしれない。昇任試験を行っていない自治体、国の府省庁を対象としても、管理職の前段の職位への就任と意思決定への参画が女性のキャリア形成を促進し、昇進につながることへの示唆が得られる。

⑵　代表的官僚制論と公共部門の規模からの視点

　ほかに公務で性別に着目する議論として、代表的官僚制論や公務員の数と女性登用の関係に関するものがある。代表的官僚制論は、公務員の属性やその属性に基づく発言、活動により公共サービスの社会的な公正を実現しようとするものである（Riccucci & Van Ryzin 2017、22）。社会の多様性（人種、性別、社会階層、宗教等）を、公務員の登用でも同程度反映しようとする「受動的代表性」（passive representation）と、その人々が公務員になるだけではなく、自らの属性の利益のために発言し、行動するという「活動的代表性」（active representation）に分かれる。どちらを重視するかによって議論の方向性は異なる（Kennedy 2014、401-403）。日本では、国家公務員の約22%（人事院　2021a）、地方公務員の約39%（総務省　2019、51、53）が女性である[3]。代表的官僚制論に照らし合わせると、社会の多様性が反映されておらず、「受動的代表性」が実現されていない。機関ごと、政策分野ごと、地域ごとなどでのさらなる偏りも想定される。

　さらに、代表性が統治の質と相関するという議論がある。曽我謙悟（2016、244）によれば、代表性と統治の質は、国際比較において正の相関を有する傾向

がある。しかし、日本の官僚制は、きわめて高い統治の質を持ちつつも、代表性[4]には欠けるという、例外的な特徴を持つ。この代表性の低さは、国民にとって自分たちの価値観や考え方を代表していないことを意味し、統治の質が高くても、官僚制に対する信頼の低さにつながっているのではないかとする。女性をはじめとして、官僚制の代表性が高まると、官僚制に対する信頼が高まる可能性が示唆されている。

　もう一方は、公務員数が女性の社会進出と関係するという研究である。公共部門は、男女の経済的な不平等を是正する役割を果たしており、公共部門の大きさ、公務員数の多さは、女性にとって家庭外の基盤を築く機会の増加につながるととらえられる（前田　2014、47）。しかし、日本の公務員数は少なく、また、第二次世界大戦後から諸外国と比較しても、早期に公務員数の増加が抑制された。公務は女性の社会進出にとって一定の役割を果たしたが、北欧諸国でみられたような高い程度ではなかった。その背景には、高度経済成長を背景に、人事院勧告をその勧告の内容どおりに実施するなかで人件費が増大し、それを抑制する手段として公務員数の抑制が選択されたことがあるという（前田　2014、190）。

　公務員数は相対的に少ないものの、公務員の採用には資格任用制（メリット・システム）が導入されている。諸外国においても、その適用範囲や厳格さに違いはあっても、資格任用制は公務員を採用するときの原則である。それによって、例えば、民間企業の採用で男性が優位な状況下では、公務での資格任用制は、女性にとってプラスとなり、結果的に労働市場での男女平等に作用する。

　しかし筆者は、資格任用制、日本の公務員法での成績主義（国家公務員法33条）、能力・実績主義という考え方が、女性にプラスに働くかは、もう一方からの考察が必要であると考える。これらの原則は、性別に関係なく、能力、勤務上の実績を客観的に実証し、それに基づいて採用、昇進という人事管理が行われることを求める。上記のように、企業での採用動向によっては、女性にプラスに働くと考えるが、実際に日本の公務での女性の採用は男性を超えるほどではなく、また、管理職においては極端に少ない。資格任用制により、想定以上の女性が採用されてきたとみるのか、資格任用制が女性の採用を難しくしてきたとみるのか。さらには、資格任用制が男性に有利に運用されてきたとみるのか。

　管理職を含めて公務に女性が少ないことの理由を、成績主義が徹底されていないとするには根拠が明確ではなく、また、女性を無理に増やそうとすると、成績

主義に反するかのような主張になってしまう可能性がある。資格任用制の制度のみならず運用にもよるが、これらの考え方は、現状において女性が少ないという問題の解決を難しくする要因でもあったとも考えられるのである。このように、公務員制度では、女性の登用と成績主義、資格任用制には一定の緊張関係があると考えられ、また、研究においても、その関係性が問題となる。

　さらに発展して、ここでの成績や資格の判断が、すべての人に一律であると考えるか、個々人の状況に応じて変化すると考えるかという問題がある。ライフステージによっては、性別を問わず仕事と家庭生活との間でバランスを取らなければならない時があると考えられ、状況に応じた判断があり得る。この点について、2015年に成立した女性活躍推進法（女性の職業生活における活躍の推進に関する法律）は基本原則として、女性に対して採用、昇進等、職業生活に関する機会を積極的に提供、活用すること、性別による固定的な役割分担等を反映した職場慣行が女性の活躍に対して及ぼす影響に配慮することを記す（同2条）。すなわち、性別による職場慣行が女性の活躍を阻害しているととらえ、それを積極的に是正するよう職業機会を提供する旨を定めている。是正する局面である以上、成績や資格の判断はすべての人に一律であるとは想定されにくい。

　ただし、この問題の難しさを反映し、女性活躍推進法の制定を受けた「第4次男女共同参画基本計画」（以下、「第4次計画」とする。第1次から5次も同様に表記する）では、第1次から3次計画まで記載のあった「国家公務員法に定める平等取扱と成績主義の原則に基づきながら」という文言がなくなった。公務員法と女性活躍推進法の緊張関係のあらわれとして理解することができ、公務での女性政策で成績や資格を柔軟にとらえるよう、転換が図られたと考えられる。

　筆者は、公務員制度研究の立場から、成績主義その他の概念と女性登用の関係性に関心を持つが、これまでは、女性に特化した視点ではなく、性別を問わず、能力・実績が適正に評価されているのかの視点で問題提起を行ってきた。女性活躍推進法の考えを取り入れると、さらに踏み込んで、女性の登用を考える上で、現状の人事管理が、男性の働き方を前提として行われているのではないか、という視点が必要であると考える。

　さらに、公務員制度研究にとって、女性の登用を考える上で重要であると考えるのは中立性との関係性である。公務員法には、全体の奉仕者（国家公務員法96条）、政治的行為の制限（同102条）、私企業からの乖離（同103条）の求めがあ

る。例えば、女性職員や女性管理職が女性の利益を代表する政策を実現すると
いった、前述の「活動的代表性」は中立性との関係でどのように考えられるの
か。政治であれば、参政権、女性候補者数、女性議員数といったそれぞれの局面
で、女性の代表性を確保することが求められる（前田　2019、69）。しかし、行
政、公務員では代表性と中立性の間に緊張関係がある。性別に関する中立性のみ
ならず、政治との関わりでの中立性という問題が絡み合う。

　政策実施と政策立案のそれぞれの局面で中立性をとらえると、政策立案過程で
より政治との関わりがあると考えられる。政策実施では中立性が意識され、ある
程度確立されているのとは対照的に、政策立案での中立性は政官双方にとって明
確には意識されにくいが、公務員には専門家として積極的に政策立案を支えなが
らも政権の政治的な決定に従う意識がみられるという（嶋田　2020、40－41、
86）。中立性が意識される政策実施だけではなく、政策立案でも性別によりその
活動や判断に違いが生じることは、想定されていないように思われる。

　しかし、代表的官僚制論では、政策実施において、公共サービスの提供者も、
対象者の社会的属性を反映している方が公正なサービスが提供されるというだけ
ではなく（Bradbury & Kellough 2008、697）、政策立案も議論の対象とする。一
例として、米国連邦政府の上級公務員を対象とする研究がある。女性職員は、昇
進する過程で公務員の中立性の規範へのプレッシャーを感じるが、昇進後にはそ
うしたリスクの認識が減り、女性を代表するようにふるまい始めるとされる（Do-
lan 2020、525）。現在の日本では、女性職員を量的に増やし、公務労働に多様性
を反映させることが当面の目標だが、「活動的代表性」の必要性や中立性との関
係の議論も合わせて行っていく必要がある。

　本論文は、以上の先行研究および公務員制度研究における課題を踏まえて、主
に国家公務員の任用に関する制度と運用に着目し、女性職員のキャリアの分岐
点、府省庁別の女性登用と人事管理の慣行の変化、これらと女性登用との関連性
を示す。具体的には、各府省庁で女性職員は着実に増加し、女性職員割合に見合
う本省係長相当職への登用が進捗したことを指摘する。日本の公務員人事では、
ある程度一定のポストを経験すると、次のキャリアが展望される人事の制度化が
みられる。女性職員は係長級への登用を足掛かりに、男性と同様に、今後、室長
級、課長級へと着実にキャリアを展開できる可能性はある。しかし、なお係長相
当職への登用で苦戦している府省庁もあり、差異が大きい。また、女性職員の
キャリアの分岐点は、係長級から課長補佐級の間で生じている。係長級から先の

職位への展望は、これまでのキャリア展開からみると確実ではなく、この段階までに女性登用を促進する施策が重点的に行われることが条件となる。さらに、女性登用が進展している府省庁の特徴として、試論的に、女性割合が高いことに加えて、早期の選抜が行われ、Ⅱ、Ⅲ種試験採用者から女性職員が安定的に選抜され、一定割合の中途採用が行われるといった、新たな人事管理がみられることを指摘する。

2　女性登用の推進力

(1)　男女共同参画基本計画における目標管理

　第5次計画は、2025年度末までに国家公務員の各役職段階の女性職員を、指定職相当に8％、本省課室長相当職に10％、地方機関課長・本省課長補佐相当職に17％、係長相当職（本省）に30％、係長相当職（本省）のうち新規に昇任した職員に35％を登用する目標を定めた（章末資料1を参照）。第4次計画との相違点として、係長相当職（本省）の目標値を据え置きつつそれ以外は引き上げ、新規係長の目標値を追加した。新規係長の目標値は高く（35％）、実績値（2019年）との差（12.2％）が最も大きい。2022年には26.3％に上昇したため目標に近づいたが（内閣人事局　2022b、1）、今後、毎年度3％近い上昇を必要とする。

　2015年から2022年までに倍増に近い実績もある。本省課室長相当職が3.5％から6.9％に、地方機関課長・本省課長補佐相当職が8.6％から14.1％に増加した（内閣人事局　2022b、1）。また、試験採用者全体に占める女性の割合は、2020年には36.8％に達した。総合職でみても35.4％と高い実績である（章末資料1）。第5次計画では、新たに技術系区分での採用者も30％とする目標が設定され、目標項目の詳細化と目標値の引き上げが進む[5]。

　自治体の目標値は国よりもさらに高い。都道府県職員の採用目標は40％だが、36.6％と未達成である。大学卒業程度では、33.6％と実績が減少する。本庁係長相当職は国と同様の30％の目標値だが、実績値は国に及ばない22.6％である。警察官は、第4次計画の目標値であった10％程度を達成しており、2026年度に12％という第5次計画の目標達成が見込まれる（章末資料1）。ただし、女性警察官の割合が10％、12％という目標値は高いとはいえず、それに続く管理職に関する目標値を設定することができないのが現状である。

　実績値をみると、公務では、市区町村で最も女性登用が進んでおり、本庁係長相当職で40％という比較的高い目標を掲げられる状況にある。章末資料1では、

市区町村の数値から指定都市を別に算出した数値の記載を省略したが、総じて市区町村全体よりも低く、規模による相違があることが課題である（係長相当職について2020年に26.5%等）。消防吏員は、実績が伸び悩み、目標値を高めることができない状況にある。

　以上のように、公務での女性登用は、計画内の目標管理により推進されてきた。目標値は未達成でも徐々に引き上げられ、女性登用が拡大してきた。第1次計画（2000年12月12日）では、2000年8月に男女共同参画推進本部が決定した、国の審議会等の女性委員割合を30%に高めることへの言及にとどまり、国家公務員、地方公務員の数値目標はない。第2次計画（2005年12月27日）では、2003年に同本部が決定した、「指導的地位に女性が占める割合が2020年までに少なくとも30%程度になることを期待し」、自主的な取り組みを推奨した。数少ない目標値の一つとして、国家公務員のI種試験事務系（行政、法律、経済）の採用者について30%程度（2005年度の実績は21.5%）とすることが掲げられた。第3次計画（2010年12月17日）では、2020年に向けた焦りからか、職位別の成果目標が掲げられ始めた（章末資料1）。

(2) 女性活躍推進法と目標管理

　第4次計画以降に詳細な数値目標が設定された背景には、女性活躍推進法の制定がある。第2次安倍晋三政権での官邸主導により、女性活躍が政策的なアジェンダとされたことが制定に影響した（辻　2022、310）。同法は、民間企業に対して一般事業主行動計画の作成、公開を求めた。行動計画では、採用した労働者に占める女性労働者の割合、男女の平均勤続年数の差異、平均残業時間数等の労働時間、管理職に占める女性労働者の割合という4つの基礎項目を中心に、その他の事業の状況も把握して、具体的な取り組みを求めた。301人以上の企業で、少なくとも2項目、それ未満の企業で1項目の数値目標が定められ、その達成に向けた取り組みの状況が公表されている（厚生労働省都道府県労働局雇用環境・均等部（室）2021）[6]。

　国および地方自治体の機関の長は特定事業主とされ、特定事業主行動計画において、前述の4点とその他の事業の状況を把握することが義務付けられた（同19条3項）。章末資料1の男女共同参画基本計画での目標値とは別に、それぞれの府省庁、自治体で状況に応じた目標値が設定された。

　府省庁は、第4次計画の策定に先立って、2015年度の採用者に占める女性の割合を30%に高めることを指示された。アジア・パシフィック・イニシアティブが

行った「検証　安倍政権」プロジェクトによるインタビュー調査によると、当時の加藤勝信官房副長官が30%の採用にこだわり、自ら依頼したという（辻 2022、344）。2013年11月29日の次官連絡会議後の菅義偉官房長官による記者会見では、国家公務員の採用試験全体と、総合職試験の事務系区分の採用者に占める女性割合の目標を30%以上とし、確実に達成するよう指示したことが発表された（女性職員活躍・ワークライフバランス推進協議会　2014）。前述の調査によると、加藤官房副長官としては、将来的に管理職の女性職員の割合を30%とするためには、採用が10%ではそれに届かず、採用されても子育てと両立しやすいセクションに配属して終わりになってしまうと考えた。しかし、3〜4割の女性を採用すると、仕事の仕方を変えざるを得なくなるという認識を示した。また、当時、局長級以上への昇任を閣議了解前に検討する場であった人事検討会議において、省庁からの人事の提案を女性登用の点から何度か突き返したことがあるとも述べた（辻　2022、333−334）。

　実際に総合職採用試験の採用者に占める女性の割合は、2013年から2014年（2015年度採用）にかけて、24.4%から34.5%に上昇した。女性申込者は30.3%から30.8%、合格者は19.6%から21.2%へと上昇したことからみると、採用候補者名簿への記載に続く各府省庁での面接で積極的に女性登用が図られたと考えられる。以後、申込者、合格者、採用者に占める女性割合はともに上昇を続け、2021年に申込者の割合は40.3%、合格者は30.6%となり、採用者も34.7%と高い水準を維持している（人事院　2021b、82）。より女性割合の高い一般職・専門職は、ここでは省略する。

　これまでの目標管理による手法は、採用と係長級への登用において有効に機能しているが、それより上位の職位や、技術系、警察官、消防士といった点では実績において苦戦し、目標値の設定や上乗せが難しい状況にあることが確認される。

3　女性の採用割合の増加と長期的な人材育成の変化

(1)　L字型の形成と女性職員のキャリアの分岐点

　女性の労働状況は、いわゆるM字カーブとL字カーブにより構成される。M字カーブは、女性の就業率により描かれ、出産・育児期に女性の労働力が一旦低下し、その後回復することを示す。M字のカーブの傾斜は、子育て支援や企業の取り組みにより徐々に緩和されてきたが、なおM字を描いている（選択する未来

2.0 2020、22－23)。その一方で、正規雇用労働者比率でみると、20歳代後半で
ピークを迎えて以降、女性の就業率は低下し続けL字カーブを描くことが、新た
な問題として指摘されている（選択する未来2.0 2020、22－23)。なお、公務で
も女性の非正規労働は重要な問題だが（出雲 2019)、本論文はL字に着目し、
常勤職員を対象として議論する。

　行政職俸給表㈠適用の女性国家公務員[7]の在職状況をみると、図1のように、
2015年にはL字というよりI字であったが、採用割合の増加により20歳代前半に
カーブが生じ2022年にはL字に近い形となった。しかし、30～34歳の年齢層の落
ち込みが大きく、この点に着目すると、M字に近い。採用増の影響は20歳代にと
どまり、30歳代には及んでいないことが確認できる。2015年との差でみるとこの
期間で最も増加したのは、50～54歳の層であり、25～29歳、45～49歳が続く。
45～54歳の層では、2015年の右移動以上の増加がみられ、中途採用による増加の
可能性が示唆される。

図1　年齢層別女性職員の在職率（行政職俸給表㈠適用の常勤職員）と離職率

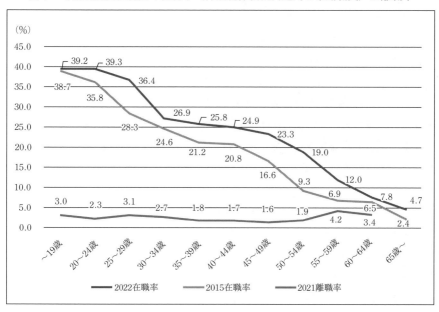

（出典）　在職率について内閣人事局（2015b；2022c)、離職率について人事院（2020；2021a)に基づい
　　て筆者作成

国家公務員の離職率は、例えば、人事院による年次報告書（2021b、79－80）では、定年退職、辞職（人事交流によるものを含む）、任期の満了、免職、失職、死亡をすべて含めた、2020年1月15日現在の在職者に対する2020年度中の離職者数の割合で算出されている。給与法適用職員で6.9%、行政執行法人職員で6.0%、全職員で7.0%（男性7.3%、女性5.6%）とされる。図1では、行政職俸給表（一）適用職員について、離職を文脈に応じてとらえ、定年退職、人事交流による辞職、任期の満了、免職、失職、死亡を除いて、2020年度在職者に対する2021年度在職者の女性職員の離職者数の割合を示した[8]。図1では、男性職員の離職率の表記を省略したが、25～29歳を分岐点として、24歳までは男性が高く、25歳以降は女性が高くなる[9]。ただし、大きな差は生じていない。

　これによれば、25～34歳の女性職員の離職率は高めだが、大きな変動とまでは言えず、年齢によりある程度一定となっている。過去からの変化としては、人事交流等を除く算出により、1981年度に25～29歳の女性職員の離職率は7.1%であった。その後も、2003年に2.0%、2008年に2.3%、2012年に2.0%であることが報告されている（人事院　2013、第2部図3）。在職と離職の関係をみる限り、女性職員の少なさは、離職の多さよりも現在の30歳以上の年齢層での女性の採用の少なさによると考えられる。

　女性職員の離職の問題は、2000年代には解消されていると考えられ、離職率の低さは、男女ともに公務での定着を示す。先行研究でも女性の離職率の低さが指摘されたが、同時に、非昇進者の多さも示された。昇格の状況を把握することのできる、職務の級別[10]の女性職員の在職状況は、図2のとおりである。図2からは、女性職員の在職状況が昇格に結び付いていないこと、3級（本省係長）から5級（本省課長補佐）（詳細は脚注10）までの傾斜が非常に強いことが確認できる。

　2015年から2022年までに、いずれの職務の級でも女性割合が増加し、図1の年齢層別の在職状況に近づいた。4級（本省係長（困難））、5級の女性職員割合の増加が顕著である。ただし、増加だけではなく減少も4級から5級の間に生じ、キャリアの分岐点となっている。2022年までに落ち込みの程度は拡大し、それが6級（本省課長補佐（困難））より上位の級への昇格に影響を与えている。このことは、女性職員が在職をし続けているものの、昇格としては4級にとどまっていることを示す。

図2　職務の級別、行政職俸給表㈠適用職員のうち女性職員の在職率

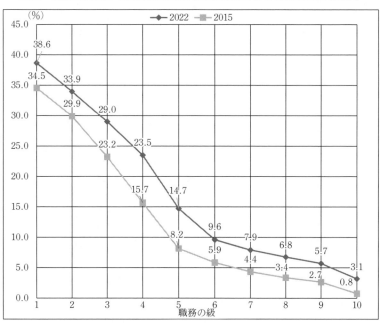

（出典）内閣人事局（2015b；2022c）に基づいて筆者作成

⑵　長期的な人材育成の変化―勤続年数の長期化と短縮

　図1でL字を構成した20歳代前半の層は、第2節で述べた目標値の達成に大きく影響する。今後、2015年以降に採用された30％を超える女性職員は人材育成の局面に入る。加藤官房副長官（当時）が述べたように、これまで主に女性職員が就任してきたポストだけでは足りず、職域を拡大してキャリアを展開しなければならない。この層の係長相当職への着実な昇任が、その後の管理職への登用にとってきわめて重要となる。また、女性のキャリアの分岐点は、本省係長（困難）から本省課長補佐にあることも確認された。では、指標に影響を与える係長相当職への昇任には、どのくらいの時間を要するのだろうか。

　行政職俸給表㈠適用職員でみると、3級に昇格するには17.7年、4級には26.5年の経験年数を要する（表1）。それぞれの平均年齢は40.1歳、48.1歳である。ただし、大学卒業者（大卒者）でみると3級の平均年齢が38.6歳に低下することを考慮して15年程度と考えると、2015年の新規採用者の3級への昇格は、2030年頃が見込まれる。しかし、これらの経験年数には着任間もない職員と在職し続けている職員の年数が平均されており、実質的な年数とは考えにくい。

表1　職務の級と平均経験年数（行政職俸給表㈠適用職員）（年）

職務の級	平均経験年数	平均年齢	平均年齢（大卒）
10級	30. 1	53. 5	53. 5
9級	29. 8	53. 2	53. 0
8級	29. 8	52. 6	51. 7
7級	30. 7	52. 9	51. 4
6級	30. 7	52. 5	50. 6
5級	30. 6	52. 0	50. 1
4級	26. 5	48. 1	46. 4
3級	17. 7	40. 1	38. 6
2級	7. 1	30. 4	29. 8
1級	3. 4	25. 1	26. 2

（出典）人事院給与局（2022、14－17）に基づいて筆者作成

　そこで、採用試験区分による昇任のスピードの違いを考慮する必要がある。図3は、本省室長級（職務の級では7、8級）の在職者と当該年度の新規任用者の平均と最短の勤続年数を示した。紙面の都合上、Ⅰ種試験採用者のみを示したが、Ⅱ種、Ⅲ種試験採用者を合わせると3者の平均勤続年数はほぼ並行する。基本的には、採用試験区分別の勤続年数に基づく人事管理が維持されていることが示される。新規任用者の最短勤続年数に着目すると3者は上下し、2014年以降では、Ⅰ種の平均よりⅡ種の最短の方が短い年が多く、Ⅱ種の平均よりⅢ種の最短の方が常に短い。

図3　本府省室長級への任用者の平均・最短勤続年数（Ⅰ種試験採用者）（年）

（出典）内閣人事局（2014；2015a；2016a；2017－2018；2020ab；2022ab；2023）に基づいて筆者作成

　Ⅰ種試験採用者の本府省室長級への昇任に要する平均勤続年数は、2014年以降伸び続けている。ただし、新規の昇任者の勤続年数はこれと比較すると伸びは弱く、2021年以降短縮された。全体としては昇任に要する勤続年数は長期化しつつ、一定の早期選抜が行われていることが示唆される。図３での表記は省略したが、Ⅱ種試験採用者に必要な勤続年数は32年強できわめて安定しており、Ⅲ種試験採用者は36.9年から38.1年（2014年〜2022年）に若干増加した。Ⅰ種とⅢ種試験採用者に対する長期的な人材育成は強化されている。Ⅰ種試験採用者は、平均して24.2年（2022年）で、大卒者では46歳頃に本府省室長級に昇任することが見込まれる。表１でみる、大卒者の51.4歳（７級）、51.7歳（８級）と５歳の差が確認される。

　表１および図３で示されるデータとは別に、Ⅰ種試験採用者（事務系）は、採用後３、４年で本府省係長に、７、８年で本府省課長補佐に、16、17年で本府省企画官に就任するという人事の慣行がある。これ以降の昇任の時期はばらつくとされるが、22、23年で本府省課長に、29、30年で本府省審議官に就任する慣例がみられるという（人事院　2012、第２部図２）。総合職試験への移行後にどのように運用されているのかは、明らかになっていないが、表１で示した大卒者の平均年齢との間には大きな差がみられる。他方で、職務の級が上がるとその差は徐々に緩和される。

　このように考えると、2015年度以降に多く採用された総合職試験の女性の採用者は、2019年度以降係長級に昇任しており、平均勤続年数をもとに長期在職者も考慮すると、他試験の採用者も2030年を待たずして係長級に昇任することが見込まれる。2022年度でも係長相当職（本省）の女性割合は28.3％であり（内閣人事局　2022b、１）、2025年度末の30％の達成は確実視される。

　とはいえ、それ以上の職位への登用と目標達成を考えると不安材料もある。図３によれば、Ⅰ種試験採用者は、課長補佐級を経て46歳頃に室長級に就任することが見込まれる。図４は、本府省課長級への昇任に必要な平均勤続年数を示した。全体の平均勤続年数とともに新規任用者の年数も長期化する点は、一定の早期選抜が想定された室長級とは異なる。これによれば、課長級への昇任には平均的に27.5年（2022年）の勤続年数を要し、49〜50歳頃の就任が見込まれる。大卒者の９級への就任年齢が平均53.0歳であることとも符合する（表１）。

図4 本府省課長級への任用者の平均・最短勤続年数（Ⅰ種試験採用者）（年）

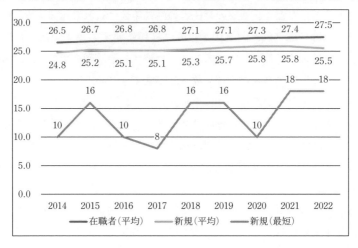

（出典）内閣人事局（2014；2015a；2016a；2017－2018；2020ab；2022ab；2023）に基づいて筆者作成

　こうした平均勤続年数や平均年齢をもとにしたキャリア展開とは別に、個々人による違いがどの程度あるのかを把握することは容易ではない。一例として、図3には、新規に本府省室長級に任用された者の平均と最短の勤続年数を示した[11]。新規任用者の勤続年数は継続して21年強であったが、2022年には20.6年に短縮された。在職者の24.2年（2022年）より3.6年早い。最短勤続年数では、2015年に4年、2017年に6年という非常に早期の昇任者が出ているが、どのようなポストへの任用であるのかを確認することはできなかった。2018年からの13年での任用は経済産業省によるものであり、2022年には12年に短縮された[12]。最短だけではなく、府省庁で一番多くの人が任用されている勤続年数（以下、「山」と呼ぶことがある）をみると、2022年には70人弱が18年で、50人強が19年で本府省室長級に初めて任用された（内閣人事局　2023、6）。室長級の在職者の平均勤続年数の山は21年（180人）であり、この点でも早期化の傾向がみられる。

　あわせて新規の課長級への昇任も確認しておきたい。図4によれば、新規の場合25.5年を要し、2022年の在職者の平均よりも2年短縮された。2022年の最短の勤続年数は18年（1人）であった。その府省と具体的なポストは不明だが、2017年には8年、2014、16、20年には10年という早期の昇任者がみられる。

　近年の新規者の早期化傾向によれば、前述の想定は若干短縮される。46歳頃で

はなく43歳頃本府省室長級に昇格し、49〜50歳ではなく47〜48歳頃に本府省課長級に昇任することが見込まれる。このようにみると、全体として長期的な人材育成は強化されているが、初めての昇任者は若干ではあるが早期に選抜され、長期的な人材育成に変化が生じている。室長級、課長級への早期選抜は、府省による違いがみられた。具体的には、Ⅰ種試験採用者の昇任勤続年数の幅が広い府省と、狭い府省がみられた。早期選抜を行うと、その幅は広くなる。ただし、この傾向の確認は、資料上2014年以降であり、いつから生じているのかは明らかではない。

　また、早期化の傾向と、女性職員の登用がどのように関係しているかが、本論文の問題関心のスタート地点であったが、早期選抜者とそのポストを通じた性別との紐づけは困難であった。ただし、長期化と同時に進む早期化の傾向は、人事管理の柔軟化を意味する。それは、女性登用にどのような影響を与えるのか。筆者は、早期選択は女性登用を促進する可能性を想定したが、そのことの実証は、以下の府省庁別の特徴を検討した上で、今後の課題としたい。

⑶　女性登用に関する府省庁の特徴をとらえるには

　これまで、府省庁全体での変化を明らかにしてきたが、女性職員の在職状況は、府省庁間で大きく異なる。図5は、2022年の女性職員の在職の割合が高い順に左から表記した。図中では、数値の表記を簡略化し、2022年の本省係長相当職の女性職員の割合のみを示す。職員に占める女性の割合は、人事院が最も多く35.6％、消費者庁が34.6％、外務省が33.9％、厚生労働省が31.0％、会計検査院が30.9％、文部科学省が28.9％と続く。2016年の女性割合の表記は省略したが、すべての府省庁が女性割合を高めている。係長級の女性割合も、消費者庁、個人情報保護委員会を除いて、上昇した。内閣法制局（29.4％から52.9％）、復興庁（7.5％から22.7％）、金融庁（24.4％から34.9％）、公正取引委員会（23.5％から33.9％）、経済産業省（30.1％から40.0％）、防衛省（22.5％から32.3％）、会計検査院（33.8％から42.9％）、環境省（23.9％から31.2％）の順に、上昇の幅が大きい。内閣法制局に続いて、外務省の係長級の女性割合は51.7％（2022年）と高く、2016年（50.2％）から高水準を維持している。全体の女性職員割合以上に係長級の女性割合を高めることは容易ではないと思われるが、大半が女性割合以上に係長相当職への登用を行っている。女性割合を下回るのは、宮内庁、個人情報保護委員会、法務省、厚生労働省に限られる。

図5　府省庁別女性職員割合と係長相当職（本省）に占める女性職員割合（％）

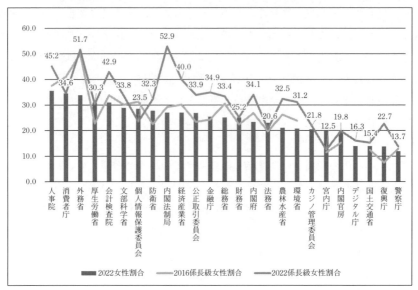

凡例: ■2022女性割合　—2016係長級女性割合　—2022係長級女性割合

（出典）内閣人事局（2016b；2022b）に基づいて筆者作成

　本論文では、本省係長級の2025年度末の目標達成（30％）は確実であると述べた。しかし、府省庁別にそのラインの達成状況を確認すると、目標値との乖離が大きい順に、宮内庁、警察庁、国土交通省、デジタル庁、内閣官房、法務省、カジノ管理委員会、復興庁、個人情報保護委員会、財務省が未達成である。水準が高い府省庁があるために全体での目標達成は可能であろうが、その先の職位での達成までを視野に入れて考えると、なかでも特に職員数の多い、警察庁、国土交通省、法務省、財務省での取り組みが重要であると考える。本論文では、人事管理の柔軟化が女性登用に与える影響を実証するという課題に向けた若干の方向性を示しておきたい。

　女性登用を促進する基本的な方策として、府省庁共通に掲げられているのは、採用の拡大である。具体的な方策として、活発な広報活動、中途採用の拡大、育児等で中途退職した職員の再登用という3つの方針が掲げられている。既存の職員に対しては、業務改善や管理職員の意識改革が掲げられた後に、女性登用の方策として、人事異動や転勤での意向の確認と配慮、人事管理を行っている単位ごとの男女比率の把握や、大きな差がある場合の原因の分析、女性職員の職域の固定化に対する改善とその拡大が掲げられる（例えば、国土交通省　2021、22-

23）。また例えば、国土交通省では、管理職となるために必要な経験、具体的には法案作成、予算要求、災害対応等に関する重要なポストの経験や必要な研修機会を女性職員が得られないことに配慮して、出産、育児の前後等、時間の制約がある場合でも、働く場所や時間の柔軟化を進めるとする。育児期等に昇任を希望しなかったために昇任が遅れている職員についても、多様な職務機会の付与や研修等の必要な支援を行うとした（国土交通省　2021、23）。

　こうした取り組みが進められる中、本論文では、固定的な人事管理を行っている場合に女性の登用が進展しにくく、柔軟性を高めた場合に女性登用が進む可能性を試論的に示したい。

　表2では、前述の状況から、女性登用が進展する外務省、経済産業省、苦戦している国土交通省、警察庁の女性職員の登用状況を表記した。事務系、技術系職員の比率、地方支分部局との関係性など省庁体制が異なる点を考慮しなければならないが、管理職への登用状況からみる限り、女性登用が進展する外務省、経済産業省では、Ⅰ種試験採用者以外からの室長級への女性の登用が安定的にみられる。この影響は課長級にも及ぶことが予想される。また、外務省は中途採用率[13]もこの中では高い。女性登用の促進策の一つであった中途退職者の再登用であるかどうかは不明であり、今後、中途採用の女性登用への影響を考える上では、中途退職者であるか、どのようなポストへの中途採用かを検討する必要がある。

　他方で、経済産業省は、中途採用率が外務省よりは低く、女性登用は内部の人材育成で進められている。経済産業省のキャリアの展開は、この中では最も速い。「山」のタイミングは、他省庁と比較して、室長で早く、課長で同程度である。最短勤続年数が短い分、抜擢的な人事が行われていると考えられる。キャリアの展開の速さは、勤務の中断が生じ得る女性にとって不利に働くリスクがあるかもしれないが、2021年以降、新規の女性室長、課長の登用を強化している。選考採用者の登用もみられる。国土交通省のキャリアの展開もそれに続いて速いが、女性の登用は進んでいないことには注意が必要である。経済産業省と同様の点としては、Ⅲ種試験採用者と選考採用者の少数の登用がみられ、新規の室長の女性登用が伸びているが、未だ全体の押し上げにはつながっていない。

　これらとは対照的に、警察庁は、室長級、課長級への任用時の最短勤続年数や「山」の年数の変動が少なく、継続性を重視した固定的な人事管理を採用している。他省より職員数が少ないために、数字の変動が大きくなりやすいが、新規の室長級への女性登用が進まず、それ以降の職位でも進んでいない。Ⅱ種、Ⅲ種、

選考採用による女性の登用はみられない。中途採用率は低くないが、現時点では女性の登用には結びついていない。必要な職務経験、勤続年数をきわめて重視していると考えられる。

　このように考えると、これまでの採用試験区分、勤続年数、年齢を人事管理の基盤とする人事管理が、府省庁によって変化している可能性が示唆される。キャリア展開の速さは、女性登用と、男女職員へのモチベーションに配慮した早期選抜によるものとの識別が難しいが、こうした府省庁別の人事管理上の変化と、女性登用の関係を明らかにする必要がある。

表2　室長級、課長級に占める女性職員割合、必要勤続年数、中途採用比率、Ⅰ種試験
　　　採用者以外の任用例一覧

	年	室長級（女性）	課長級（女性）	新規室長（女性）	新規課長（女性）	新規室長（最短）	新規室長（山）	新規課長（最短）	新規課長（山）	中途採用比率	Ⅰ種以外からの新規任用者（女性）
外務省	2019	9.4%	5.0%	9.1%	4.3%	20	20	23	24	38%	室長：Ⅱ種（1名）
	2020	14.6%	5.1%	13.9%	5.6%	19	20	23	24	33%	室長：Ⅱ種（1名）、その他（1名）
	2021	10.5%	6.4%	5.7%	15.0%	18	21	22	24	35%	室長：Ⅱ種（1名）、課長：Ⅱ種（1名）
	2022	11.0%	10.0%	13.2%	23.5%	18	21	23	24	－	室長：Ⅱ種（1名）、課長：Ⅱ種（2名）
経済産業省	2019	10.6%	4.5%	6.7%	2.6%	13	18	17	23	17%	室　長：Ⅱ種（1名）、Ⅲ種（1名）
	2020	9.7%	4.5%	9.6%	0.0%	13	17	17	23	15%	室　長：Ⅱ種（1名）、その他（1名）
	2021	10.7%	7.2%	14.5%	15.8%	13	18	18	23	21%	室　長：Ⅱ種（2名）、Ⅲ種（1名）、その他（2名）
	2022	10.8%	7.3%	12.8%	14.3%	12	18	19	22	－	室　長：Ⅱ種（2名）、その他（2名）、課長：Ⅱ種（2名）
国土交通省	2019	4.0%	2.6%	5.3%	4.6%	16	24	22	29	16%	なし
	2020	3.8%	4.4%	4.5%	6.2%	16	22	22	30	14%	室長：その他（1名）
	2021	5.7%	5.5%	7.1%	4.2%	16	19	21	22	17%	室長：Ⅲ種（1名）
	2022	6.9%	5.0%	7.8%	5.6%	16	24	21	30	－	室長：Ⅲ種（1名）
警察庁	2019	5.3%	5.4%	10.0%	0.0%	21	21	24	24	19%	なし
	2020	2.3%	5.3%	0.0%	0.0%	21	21	24	24	20%	なし
	2021	0.0%	2.5%	0.0%	12.5%	19	21	24	24	16%	なし
	2022	2.6%	7.5%	6.3%	8.3%	20	21	23	25	－	なし

（注1）　「山」とは、最も人数が多い勤続年数を示す。人数が同じ「山」がある場合、早い方を示す。

（注2）　「その他」とは、選考採用などをいう。

（出典）外務省、経済産業省、国土交通省他、国家公安委員会・警察庁（2020ab；2022－2023）、内閣人事局（2022d）に基づいて筆者作成

4　人事管理の変化と女性登用の可能性

　本論文は、公務員制度研究において、人事管理上の一つのグループとして着目されることが少なかった女性職員について、以下のように考察してきた。

　第一に、日本の公務員制度は、行政職が包括的な業務を担うこと、長期的に人材育成が行われること、入口での選抜を基盤とした人事管理が行われ、中途採用は限定されるといった日本型雇用慣行の特徴を持ち、民間企業との間で女性の登用につながりにくい特徴を共有している。これにより、労働市場全体で、各種慣行を見直し、女性を登用していく必要があるという目標を共有する。しかし、公務では、公務員法や公務員制度における成績主義、資格任用制、能力・実績主義という、性別にかかわらず人事の客観性を担保するという考え方との関連でも、女性の登用を考える必要がある。これらの概念は、女性にとって、男女平等も実現し得るが、現状の女性の少ない状況の正当化もし得る点で、難しさがある。

　第二に、公務員制度研究では、女性職員をグループとしてとらえる視点は乏しかったが、数少ない視点として、代表的官僚制論と公共部門の規模という点から、女性の登用が議論されてきた。日本では、5次にわたる男女共同参画基本計画により、公務で女性職員の割合を増やすという「受動的代表性」に取り組んでいる。その一方で、将来的には、増加した女性職員が公務で政策にどのような影響を与えるかという「活動的代表性」と政策立案における行政の中立性に関する議論も視野に入れておく必要があることを指摘した。

　第三に、女性活躍推進法の制定以降、官邸主導により目標項目は詳細化され、目標値は引き上げられた。女性登用の推進力の高まりにより、Ⅰ種試験採用者の人事慣行や平均勤続年数、平均年齢を加味した想定によれば、係長級への女性職員の登用は着実に進展することが見込まれる。

　第四に、各府省庁の女性職員の在職状況では、これまでL字型が形成されてこなかったが、女性登用の推進力により、L字に近いカーブが形成されはじめてきた。しかし、上昇のゆるやかさに対して、上位職位に向かう下りの傾斜は急である。その傾斜からみると、女性職員のキャリアの分岐点は、3級（本省係長）から5級（本省課長補佐）にある。女性職員は3級または4級にとどまり、離職率の低さから在職はするものの、5級には到達しにくい。キャリアには職員自身による多様な選択があるものの、推進力によりここ数年で係長級に登用された女性

職員が、それ以上の職位への昇任を展望すると、女性職員が管理職に必要な職務経験を積極的に得られる人材育成や、職域を拡大する配置上の施策を進める必要がある。その上で、近年、人事管理の変化の一つとして、全体として、室長級や課長級への昇任に要する勤続年数は長期化しながらも、新たに室長級に登用される職員の勤続年数は短期化しており、府省庁によって勤続年数の幅の広さ、すなわちキャリア展開の多様性が生じている。

　最後に、府省庁別の状況を確認すると、女性職員の割合が低いために女性の登用が進んでいない府省庁が見られた。女性職員の割合が低くても一定の登用を行っている府省庁もあり、女性登用が進展する府省庁と、苦戦している府省庁がある。その際、府省庁別の早期選抜の実態、Ⅱ、Ⅲ種試験採用者からの登用、中途採用の活用といった視点が重要であり、広く人事管理の柔軟化が、女性職員の選抜にどのような影響を与えるのかを明らかにする必要があることを指摘した。現時点では、女性職員の少なさとともに、早期選抜が行われておらず、遅い昇進が維持されていること、Ⅱ、Ⅲ種採用試験採用者と選考採用者から女性の登用があまり行われていないこと、中途採用があまり行われていないことなどが、女性登用の遅れと関係しているのではないかという可能性を指摘した。

【注】
1　本論文は、日本行政学会2022年度研究会（2022年5月21日）共通論題Ⅰ「行政とジェンダー」で、同タイトルによる研究発表時に提出した報告論文（未定稿）に、加筆、修正を行ったものである。
2　同研究は、入庁31年目において係長級へ昇進していない者を非昇進者ととらえる。1990年の大卒行政職事務系の入庁者（94人のうち女性は21人）のうち、3年以内に退職した者を除く女性職員の残存率は100％であった。在職者75人のうち、女性は18人であるが、非昇進者の35人のうち16人が女性であることが昇進率の低さを示す。
3　それぞれの資料では、一般職国家公務員284,105人のうち女性は63,630人、一般職地方公務員2,738,755人のうち女性は1,084,556人である。
4　ここでの代表性は、性別のみならず民族、宗教といった点も含む（曽我　2016、230－231）。
5　技術系区分での採用者の多い国土交通省の女性職員の割合は、採用試験全体で25.0％、総合職で20.5％、一般職・専門職で25.3％であり、なお目標値とは開きがある（国土交通省　2022、1）。

6　同法は、常時雇用する労働者数が301人以上の企業に適用されたが、2022年4月、その適用対象は101人以上の企業にも拡大された。

7　行政職俸給表(一)は、国家公務員の最も包括的な俸給表であり、一般職の国家公務員（常勤職員）269,093人のうち152,039人（56.5％）に適用される。そのうち、36,868人（24.2％）が女性である（内閣人事局　2022c）。これに続いて多い税務職俸給表の適用が53,070人（19.7％）であり、開きがある。資料上、検察官、再任用職員、常勤労務者等、休職・派遣・休業職員、行政執行法人の職員、非常勤職員は含まれていない。

8　離職を年齢別で把握するため、在職を確認した内閣人事局による資料とは別の人事院による「一般職の国家公務員の任用状況調査」を用いている点に注意されたい。

9　それぞれ4.8％（〜19歳）、3.0％（20〜24歳）、2.9％（25〜29歳）、2.1％（30〜34歳）、1.4％（35〜39歳）、0.6％（40〜44歳）、0.5％（45〜49歳）、0.8％（50〜54歳）、2.3％（55〜59歳）、4.9％（60〜64歳）である。男女での差が大きいのは、20歳未満で男性が1.8％高い部分である。

10　人事院規則9－8による行政俸給表(一)の標準職務・職位（代表的なもの）は次のとおりである。

　　1級：定型的な業務を行う職務、2級：主任、3級：係長（本省、管区機関、府県単位機関）、4級：本省係長（困難な業務、以下、「困難」と表記）、管区機関課長補佐、府県単位機関係長（困難）、5級：本省課長補佐、管区機関課長補佐（困難）、府県単位機関課長、6級：本省課長補佐（困難）、管区機関課長、府県単位機関課長（困難）、7級：本省室長、管区機関課長（困難）、府県単位機関の長、8級：本省室長（困難）、管区機関部長、府県単位機関の長（困難）、9級：本省課長、管区機関の長、10級：本省課長（重要な業務）、管区機関の長（重要な業務）（下線は本論文が言及した級と職位を示す）。

11　いずれも、表記年の前年の10月2日から表記年の10月1日までに初めて任用された者の状況である。以下、課長級の新規の場合も同様である。

12　経済産業省では、2018年から1名を13年の勤続年数で本府省室長級に登用している。2022年の最も数の多い層（6名）の勤続年数は18年であるため、Ⅰ種試験採用者の間で抜擢人事が行われていると考えられる。2014年以降の最短年数は16年、17年であったところ、短縮された（表2も合わせて参照のこと）。2022年には、12、13、14年で各1名の抜擢が行われており、早期化の傾向が強まった（経済産業省　2014－2018；2020ab；2022－2023）。なお、2020年の12年での抜擢は、財務省である。2021年には最短でも20年、2022年度には18年を要しているため、継続ではなく例外である

と考えられる（財務省　2020；2022－2023）。

13　中途採用とは、新規学卒者以外の採用で、任期の定めのある職員および人事交流を除く、常勤職員の採用を意味する。

【参考文献】

出雲明子（2019）「働き方改革と公務労働：同一労働同一賃金による労働法と公務員法の接近」『自治体学』32巻2号、42－47頁

出雲明子、クリヴォ・アルノ（2019）「公務員の女性活躍と働き方改革―両立支援からキャリアアップに向けた支援へ」『季刊行政管理研究』166号、32－45頁

稲継裕昭（1996）『日本の官僚人事システム』東洋経済新報社

大森彌（2006）『官のシステム』東京大学出版会

外務省（2020ab、2022－2023）「管理職への任用状況等について（令和元年度～令和4年度）」（2019、2021、2022年の結果は翌年公表された。以下、他府省庁、内閣人事局同一名資料について同様。）

川手摂（2005）『戦後日本の公務員制度史―「キャリア」システムの成立と展開』岩波書店

河野銀子編（2017）『女性校長はなぜ増えないのか―管理職養成システム改革の課題』勁草書房

経済産業省（2014－2018、2020ab、2022－2023）「管理職への任用状況等について（平成26年度～令和4年度）」

厚生労働省都道府県労働局雇用環境・均等部（室）（2021）「女性活躍推進法に基づく一般事業主行動計画を策定しましょう！」（https://www.mhlw.go.jp/content/11900000/000614010.pdf）（2023年1月30日最終閲覧）

国土交通省、観光庁、気象庁、運輸安全委員会、海上保安庁（2020ab、2022、2023）「管理職への任用状況等について（令和元年度～令和4年度）」

国土交通省（2021）「女性職員活躍と職員のワークライフバランスの推進のための国土交通省取組計画」（2021年4月23日一部改正）

――（2022）「女性の職業生活における活躍の推進に関する法律第21条に基づく女性の職業選択に資する情報の公表について（国土交通省・観光庁・気象庁・運輸安全委員会・海上保安庁）」（2022年7月）

国家公安委員会・警察庁（2020ab、2022－2023）「管理職への任用状況等について（令和元年度～令和4年度）」

財務省（2020、2022－2023）「管理職への任用状況等について（令和2年～令和4年

度）」

嶋田博子（2020）『政治主導下の官僚の中立性―言説の変遷と役割担保の条件』慈学社出版

女性職員活躍・ワークライフバランス推進協議会（2014）「女性職員の採用・登用の目標値と現状値」（資料4）（2014年6月27日）

人事院（2012）『平成24年度年次報告書』（ウェブ版）

―（2013）『平成25年度年次報告書』（ウェブ版）

―（2020）「一般職の国家公務員の任用状況調査（令和2年度）」

―（2021a）「一般職の国家公務員の任用状況調査（令和3年度）」

―（2021b）『令和3年度年次報告書』

人事院給与局（2022）『令和4年国家公務員給与等実態調査報告書』（2021年1月15日現在）

新藤宗幸（2002）『技術官僚―その権力と病理』岩波書店

選択する未来2.0（2020）『選択する未来2.0　中間報告』（2020年7月1日）

総務省（2019）『平成30年　地方公務員給与の実態―平成30年4月1日地方公務員給与実態調査結果』（2019年5月）

曽我謙悟（2016）『現代日本の官僚制』東京大学出版会

竹内直人（2019）「遅い昇進の中の隠れた早い選抜―自治体ホワイトカラーの昇進パターンと組織の機能」、大谷基道・河合晃一編『現代日本の公務員人事―政治・行政改革は人事システムをどう変えたか』第一法規、157-178頁

武石美恵子（2006）『雇用システムと女性のキャリア』勁草書房

辻由希（2022）「女性政策　巧みなアジェンダ設定」、アジア・パシフィック・イニシアティブ編『検証　安倍政権―保守とリアリズムの政治』文藝春秋、307-345頁

筒井淳也（2015）『仕事と家族―日本はなぜ働きづらく、産みにくいのか』中央公論新社

内閣人事局（2014、2015a、2016a、2017-2018、2020ab、2022a、2023）「管理職への任用状況等について（平成26年度～令和4年度）」

―（2015b）「一般職国家公務員在職状況統計表」（2015年7月1日現在）（s-Statデータセット）

―（2016b）「女性国家公務員の登用状況及び国家公務員の育児休業等の取得状況のフォローアップ」（2016年12月20日）

―（2022b）「女性国家公務員の登用状況のフォローアップ」（2022年12月6日）

―（2022c）「一般職国家公務員在職状況統計表」（2022年7月1日現在）

―― (2022d)「国の機関等における一般職の国家公務員の中途採用比率の公表について」(2022年10月14日)

内閣府男女共同参画局 (2010)「第 3 次男女共同参画基本計画」(2010年12月17日)

―― (2015)「第 4 次男女共同参画基本計画」(2015年12月25日)

―― (2020)「第 5 次男女共同参画基本計画」(2020年12月25日)

西尾勝 (2001)『行政学 (新版)』有斐閣

藤田由紀子 (2008)『公務員制度と専門性―技術系行政官の日英比較』専修大学出版局

前田健太郎 (2014)『市民を雇わない国家―日本が公務員の少ない国へと至った道』東京大学出版会

―― (2019)『女性のいない民主主義』岩波書店

牧原出 (2003)『内閣政治と「大蔵省支配」―政治主導の条件』中央公論新社

松尾孝一 (2002)「地方公務員の初期キャリア管理―政令指定都市A市の大卒事務系職員の事例から」『青山経済論集』54巻 3 号、43-81頁

―― (2021)「地方公務員の中期キャリアの分析―政令指定都市A市の大卒行政職事務系職員の異動・昇進の構造―」『経済研究』13号、1 -28頁

峯野芳郎 (2000a)「地方公共団体における職員の昇進管理について―ある政令指定都市を例に」『組織科学』34巻 2 号、80-91頁

―― (2000b)「国や地方公共団体などの行政組織における昇進管理としての『早い昇進』と『遅い昇進』」『産業・組織心理学研究』13巻 2 号、113-120頁

村木厚子、秋山訓子 (2015)『女性官僚という生き方』岩波書店

楊川 (2018)『女性教員のキャリア形成―女性学校管理職はどうすれば増えるのか？』晃洋書房

Bradbury, M. D., & Kellough, J. E. (2008). Representative bureaucracy: Exploring the potential for active representation in local government. *Journal of Public Administration Research and Theory, 18*(4), 697-714.

Dolan, J. (2000). The senior executive service: Gender, attitudes, and representative bureaucracy. *Journal of Public Administration Research and Theory, 10*(3), 513-530.

Kennedy, B. (2014). Unraveling representative bureaucracy: A systematic analysis of the literature. *Administration & Society, 46*(4), 395-421.

Riccucci, N. M., & Van Ryzin, G. G. (2017). Representative bureaucracy: A lever to enhance social equity, coproduction, and democracy. *Public Administration Review, 77*(1), 21-30.

章末資料1

	第3次計画	第4次計画	第5次計画
国家公務員			
Ⅰ種試験（事務系）採用者	30％程度	－	－
実績	25.7％（2010年度）	－	－
総合職試験の採用者	－	30％以上（毎年度）	35％以上（毎年度）
実績	－	34.3％（2015年4月）	35.4％（2020年4月）
採用試験（全体）採用者	30％程度（2015年度末）	30％以上（毎年度）	35％以上（毎年度）
実績	26.1％（2010年度）	31.5％（2015年4月）	36.8％（2020年4月）
採用試験（技術系区分）採用者	－	－	30％（2025年度）
実績	－	－	－
係長相当職（本省）	－	30％（2020年度末）	30％（2025年度末）
実績	－	22.2％（2015年7月）	26.5％（2020年7月）
係長相当職（本省）のうち新たに昇任した職員	－	－	35％（2025年度末）
実績	－	－	22.8％（2019年7月）
地方機関課長・本省課長補佐相当職　＊第3次は「以上」	10％程度（2015年度末）	12％（2020年度末）	17％（2025年度末）
実績	5.1％（2009年1月）	8.6％（2015年7月）	12.3％（2020年7月）
本省課室長相当職　＊第3次は「以上」	5％程度（2015年度末）	7％（2020年度末）	10％（2025年度末）
実績	2.2％（2009年1月）	3.5％（2015年7月）	5.9％（2020年7月）
指定職相当	3％程度（2015年度末）	5％（2020年度末）	8％（2025年度末）
実績	1.7％（2009年1月）	3.0％（2015年11月）	4.4％（2020年7月）
地方公務員（都道府県）			
採用試験（全体）からの採用者	－	40％（2020年度）	40％（2025年度）
実績	－	31.9％（2014年度）	36.6％（2019年度）
採用試験（上級・大学卒業程度試験）からの採用者	30％程度（2015年度末）	40％（2020年度）	40％（2025年度）
実績	21.3％（2008年）	26.7％（2014年度）	33.6％（2019年度）
本庁係長相当職	－	30％（2020年度末）	30％（2025年度末）
実績	－	20.5％（2015年）	22.6％（2020年）
本庁課長補佐相当職	－	25％（2020年度末）	25％（2025年度末）
実績	－	16.4％（2015年）	20.4％（2020年）

本庁課長相当職 ＊第3次は「以上」	10%程度（2015年度末）	15%（2020年度末）	16%（2025年度末）
実績	5.7%（2009年）	8.5%（2015年）	12.2%（2020年）
本庁部局長・次長相当職	－	10%程度（2020年度末）	10%（2025年度末）
実績	－	4.9%（2015年）	7.0%（2020年）
地方警察官に占める女性の割合	－	10%程度（2023年）	12%程度（2026年度）
実績	－	8.1%（2015年度）	10.2%（2020年4月）
地方公務員（市区町村）			
本庁係長相当職	－	35%（2020年度末）	40%（2025年度末）
実績	－	31.6%（2015年）	35.0%（2020年）
本庁課長補佐相当職	－	30%（2020年度末）	33%（2025年度末）
実績	－	26.2%（2015年）	29.2%（2020年）
本庁課長相当職	－	20%（2020年度末）	22%（2025年度末）
実績	－	14.5%（2015年）	17.8%（2020年）
本庁部局長・次長相当職	－	10%程度（2020年度末）	14%（2025年度末）
実績	－	6.9%（2015年）	10.1%（2020年）
消防吏員に占める女性の割合	－	5%（2026年度当初）	5%（2026年度当初）
実績	－	2.4%（2015年度）	2.9%（2019年度）

（出典）内閣府男女共同参画局（2010；2015；2020）に基づいて筆者作成

スウェーデンの公務部門における男女機会均等
—行政省の管理職任用状況に焦点をあてて—

秋　朝　礼　恵

──　要旨　──

　スウェーデンは、他の北欧諸国と同様、男女機会均等が進んでいる国として取り上げられることが多いが、国の政策の企画立案にかかわる行政省における女性の任用状況についてはあまり論じられていない。行政省における女性職員の増加や管理職への任用の促進については、男女機会均等の6つの重点目標のうちの「権力と影響力の平等な配分」に関わる重要な課題である。そこで、本稿は、行政省における管理職任用状況に焦点を当て、省による任用状況の相違や女性管理職のポストの傾向の有無について検討した。具体的には、「官公庁職員名簿」を用いて、1980年から2010年まで5年ごとに女性職員数や管理職数および管理職の割合について調査した。その結果、省全体でみて女性の管理職数および管理職に占める割合が上昇していること、法務省、外務省、財務省の各省でも増加し上昇していることが確認された。また、女性管理職が人事担当に配属される傾向があり、この傾向は法務省、外務省、防衛省および財務省の各省において強くみられる。

▷キーワード：男女機会均等、スウェーデン、省、管理職、任用

第1章　はじめに

　スウェーデンは、他の北欧諸国と同様、男女機会均等が進んでいる国として取り上げられることが多い。そこには、機会均等政策の長い歴史がある。始まりは1970年代である。当時、公務部門の拡大やサービス産業化の進展により雇用機会が拡大し、労働力が不足した。男性稼得者モデルから共働き・ケア分担モデルへの転換が目指され、各種の制度改革（仕事と家庭の両立を可能とする育児休業制度の拡充・整備など）を進めて女性の労働力化を後押しした。そして、1980年代の職業生活における男女間の機会均等に関する法律の施行、機会均等オンブズマン発足等を経て、1990年代半ばにはジェンダー主流化（jämställdhetsintegrering）が機会均等目標を達成するための戦略と定められた（Prop.1993／94 ： 147）。次いで、6つの重点目標[1]を設定し、これを達成するために、同政策を所

管する恒久的な組織[2]として中央行政機関の機会均等庁（Jämställdhetsmyndighet）が創設された。2018年のことである。

　さて、本稿は、スウェーデンの公務部門のなかでも省における管理職任用状況に焦点を当てている。政府発表によれば、省全体の管理職に占める女性の割合は2021年で50％を超えている（Regeringskansliet 2022：84）が、ここに至るまではどのような状況だったのか。省による任用状況の違いがあるのか、女性管理職のポストには一定の傾向があるのだろうか。

　管理職の任用状況に着目する理由は次のとおりである。一つには、国の女性職員の状況については、基礎自治体および広域自治体のそれほどには論じられてこなかった。福祉国家建設の過程で、各種の社会サービスの担い手としての女性労働力を自治体が吸収したことはよく知られている。二つ目には、男女機会均等の6つの重点目標中、「権力と影響力の平等な配分」に関わるからである。管理職ポストに占める女性の割合（2020年）は基礎自治体で71％（1995年は51％）、広域自治体で74％（同48％）、国50％（同23％）、民間33％（同20％）と上昇したが、公務との差が大きい民間部門はもちろんのこと、国についても引き続き、ジェンダー主流化の観点から改善すべき課題となっている（SCB1998、2022）。

　もっとも、国とひとくくりにするのは適切ではない。スウェーデンの場合、中央行政機関は政策の企画立案を担う省（departement）と、執行を担ういわゆるエージェンシー（förvaltningsmyndighet）の二重構造になっており、エージェンシーの数や職員数は、省とは比較にならないほど多い[3]。そこで、後述するデータ収集・集計作業上、今回は省に限定することとした。

　本稿の構成は以下のとおりである。省の管理職の任用状況を分析するにあたり、まずは第2章で省の組織と任用を概観する。次いで第3章で管理職の任用状況を、省全体と個別の事例についてみていく。第4章では分析結果をまとめ、第5章で本稿を締めくくる。

第2章　省の組織と任用

第1節　省の構成と内部組織

　2022年8月時点で、内閣官房（Statsrådsberedningen）、11の省および内閣総務局（Förvaltningsavdelningen）で構成されている[4]。11の省とは、労働市場省、

財務省、防衛省、インフラ省、法務省、文化省、環境省、産業省、社会省、教育省および外務省である。

　また、Premfors och Sundström（2007）などが指摘するように内部組織は省により多少の違いがあるが、基本構造は以下のとおりである。

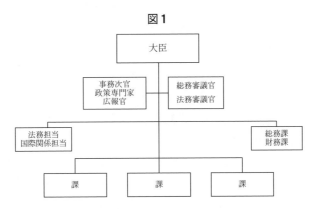

図1

出所：Premfors et al.(2003：150)およびLundmark, Staberg och Halvarson(2010：126)をもとに作成

　図1中、事務次官（statssekreterare）、政策専門家（politiskt sakkunniga）および広報官（pressekreterare）は政治任用職員である。総務審議官（expeditionschef）および法務審議官（rättschef）は資格任用で採用された職員のなかで最も高いポジションであり、省内事務全般や法制事務全般に責任を負う。

　また、課（enhet）は個別の政策課題を扱い、主にその企画立案、総合調整等を担う（Premfors et.al. 2003：149－150）。なお、財務省など大規模省のなかには複数の課を束ねる局（avdelning）を置くケースがあるほか、課の下に係（sektion）を置く省もある。

　課長（enhetschef）は通例としてdepartementsråd（本稿では「課長級」と訳す）の地位を持つ。ただし、全てのdepartementsrådが課長職についているわけではなく、課や局で特命事項を担当しているケースがある。また、課を構成する事務官（handläggare）の多くはdepartementssekreterareと呼ばれ、そのうち何らかの専門分野をもつ事務官は、法務専門官（rättssakkunniga）、専門を明示しない名称として専門官（ämnessakkunniga、ämnesråd）などと称される。その

他、長期勤続の事務官を指すkanslirådもあり、事務官に係る名称は非常に多様である（Premfors och Sundsträm 2007 : 51）。

第2節　任用

　開放型任用制によるが、あらゆる官職が外部からの公募で補充されるわけではない。ポストに空きが発生し、組織内で補充しない場合に外部から採用する。職業上の専門知識や学歴、職業経験をベースに選考されるが、選考にあたっては国の労働市場政策、機会均等政策および雇用政策の方針を考慮し、それらと整合的であることが求められる。

　また、実施の判断は使用者の裁量に委ねられているが、ポジティヴ・アクション（positiv särbehandling）が導入されている。男女比に偏りがある場合、求職者の能力等が概ね同等であれば少ないほうの性を優先して採用できる。この「男女比の偏り」とは、職務や職種ごとにみて一方の性が40％を下回る場合とされる（Arbetsgivarverket 2021 : 54）。

　なお、省の職員の採用について、かつては各省が窓口となっていたが、1997年の組織改編により、内閣総務局が一括してその事務を扱っている[5]。内閣総務局は各省共通の庶務を扱う機関であり、人事政策のほか、労使交渉、職員研修、広報、公文書管理、IT化等事務環境整備などの事務を担当する（Premfors och Sundström 2007 : 43）。なお、官職の地位により、採用決定等の手続きは異なっており、各省事務次官ならびに15の官職[6]は内閣が決定する。

第3節　職員の状況

　2021年の職員数は4,715人[7]であり、女性が61％、男性が39％を占める。省別にみると最も多いのが外務省（1,289人）、次いで財務省（505人）、法務省（428人）で、最も少ないのが文化省（117人）である。また、女性職員の割合がもっとも高いのが文化省（72％）、次いで労働市場省（71％）、社会省および教育省（ともに70％）となっている。反対に、もっとも低いのが防衛省（51％）、インフラ省（55％）、財務省（56％）である（Regeringskansliet 2022 : 82）。

　職員を管理職、専門職、政治任用およびアシスタント職の4つのグループに分けて男女比をみると、グループ間にはかなりの差がみられる。2021年の女性割合は、管理職の50％強に対し、秘書・アシスタント等の事務職員（AdmServiceまたはbaspersonal）では70％を超える（Regeringskansliet 2022 : 84）。なお、長期

的な変化をみると、管理職の女性割合は上昇（1985年に11％）し、秘書・アシスタント等では低下（1995年が82％）している[8]。

　省における女性職員数増加の背景の一つが、学歴である。国の職員の学歴は他の部門よりも高い傾向があるが、省の職員の学歴はとくに高く、2000年に管理職の95％、事務官80％以上が大卒の学歴を有する。また、1960年代半ばまでは、法学を修めていることが省に採用される要件の一つだったが、その要件のない現在では、法学、経済学そして社会学が主要3分野となっている（Premfors et.al. 2003：185-186）。この点は女性にとって有利である。というのは、大学卒以上の学歴を有する割合は男性よりも女性のほうが高く、かつ、法学、経済学、社会学を修めた者の割合も女性のほうが高い（SCB 2022）からである[9]。

　なお、長期的な変化として、総職員数やとりわけ政策専門家の増加が挙げられる。1980年代初めの職員数は約2,600人であったが、1990年代に増加し、2003年には約4,500人と現状とほぼ同程度の規模になった。職員数増加の背景の一つに、各省で国際関係の課題への対応業務が増えたことが指摘されている（Premfors och Sundström 2007：62-63）。また、政治任用の政策専門家が増えた理由として、元法務大臣のFreivaldsと元最高裁判所判事のHeckscherは、大きな政治的決定が求められる頻度や政権交代の頻度の高まりを挙げている（Freivalds och Heckscher 2018）[10]。

第3章　管理職への女性の任用状況

第1節　調査手法

(1)　データソース

　省ごとの管理職数、職名、配属先組織のほか、該当者の着任年を「官公庁職員名簿（Sveriges statskalender）」から収集した。この名簿は、国が2010年版まで[11]刊行していたもので、ヨーテボリ大学図書館ホームページ上で1880年以降に刊行された名簿のPDF版を閲覧することができる[12]。

　次に、データ収集の対象年を1980年から5年ごとに2010年までとした。1970年代以前は女性の管理職がほぼ皆無であること、また、本稿の主眼が管理職任用にかかる省別の傾向を見出すことにあることから、1980年以降5年ごとの推移をみることとした。

⑵　収集と分類

　本稿の分析対象となる「管理職」[13]は、名簿に掲載された職員のうち、国家行政組織に関する政令（SFS 1996：1515）に定める「chef」（以下の①〜③）のほか、課以上の単位の組織の長（chef）[14]、さらにスウェーデン統計局の職業分類SSYK2012で「chef」に分類される地位にある者とした[15]。また、兼任の場合（例：法務審議官が法務課あるいは局の長を兼任）は上位職をカウントしている。

　なお、分析対象から、政治任用職員である事務次官、政策専門家および広報官のほか、企画担当長（planeringschef）を除外している。この企画担当長については、その職責や省内での地位および採用形態が不明瞭との指摘がある（Premfors och Sundström 2007：50）が、本稿ではUllström（2011）による詳細な研究[16]にしたがい政治任用職員とみなす。

①　国家行政組織に関する政令第9条に定める上級職員（chefstjänsteman）：

　　各省の総務審議官、法務審議官、内閣官房の事務局長、法務審議官、EU担当長、人材担当長、安全保障担当長、外務省の外政審議官、財務省の財務官（budgetchef）ならびに予算局長（finansråd）

②　同政令第20条ならびに第27条に定める長

③　同政令第34条に定める内閣が採用を決定する職員のうち監察官、儀典担当長、各省の課長級（departementsråd）ならびに行政機関の内部監察（Regeringskansliets interrevision）担当長

　また、配属先の分類にあたっては、Premfors och Sundström（2007）を参考に、①総務、②渉外、③予算、④国際関係、⑤法務、⑥審査、⑦個別の政策課題、⑧監察・監督、⑨広報、⑩その他（不明を含む）の10項目とした。なお、②の渉外には、国会議員や政治家との連絡調整、儀典を含む。

⑶　分析上の制約

　上記の方針による「管理職」の範囲は、政府年次報告書（Regeringskansliets årsbok）中の「chef」の範囲とは完全には一致しない。同報告書の「chef」は「政治的に任用される事務次官以外で、管理職契約の対象」（Regeringskansliet 2001）だが、入手可能な情報ではこの管理職契約の詳細が把握できないためである[17]。したがって、年次報告書のデータとの比較が厳密には不可能であるた

め、本稿における年次報告書のデータとは傾向を把握するに留まる。

　また、名簿自体の情報量は豊富であり、これを用いて組織構造の変化や職員数の動向をまとめた先行研究（Premfors och Sundström 2007）がある。しかし、精緻な分析には追加情報が必要である。すなわち、内部組織の改組に伴い所掌事務が変わり、同名の官職が省によりその地位や職務内容が異なる場合がある。今回の分析では、入手可能な情報をもとに課名や職名から組織全体あるいは他省と比較するなどして所掌事務を可能なかぎり正確に捉えることに努めたが、この点も本分析およびその結果のもつ制約である。

第2節　結果

(1)　管理職数の動向

　図2が示すとおり、1980年から2010年の間に、女性の管理職数および管理職に占める割合は上昇傾向にある。

　女性の管理職数については、1980年時点に行政省全体で管理職173人中5人（割合にして3%）であったが、2010年には同319人中145人（同45%）に増加した。このうち、1980年と2020年で比較可能な法務省、外務省、防衛省、社会省、財務省[18]、教育省[19]、農業省はいずれも増加している[20]。また、図3－1から図3－3は、2010年に存在する省について、管理職割合を示したものである。文化省のようにそもそも管理職ポストが少ない場合、1件の数の増減によって割合が大きく変動するので注意が必要である。

図2

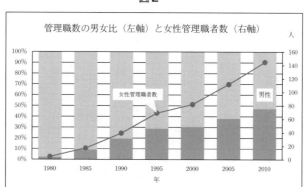

出所：Sveriges statskalender（各年）をもとに作成

図3－1

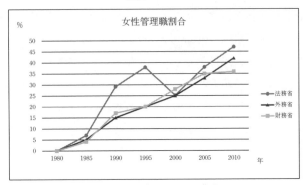

出所：Sveriges statskalender（各年）をもとに作成

図3－2

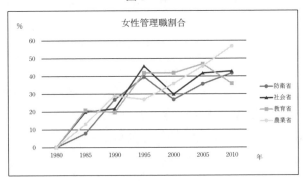

出所：Sveriges statskalender（各年）をもとに作成

図3－3

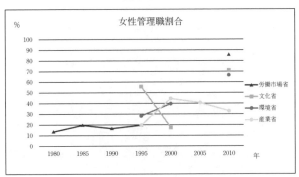

Isaksson & Nilsson（2006）によれば、1970年代には省のなかでも財務省、法

務省および外務省の地位が高く、例えば、首相でさえ財務大臣の意見に異を唱えることはあまりなかったという（Isaksson & Nilsson 2006：29）。財務、法務、外務の各省や所掌事務の性質から防衛省は男性支配的な省であり、女性職員や管理職の任用や配属先の制約があるのではないかと推測される。

(2) 管理職の配属先

　女性管理職の配属先に傾向や省間での相違がみられるだろうか。以下、1980年から2010年まで5年ごとのデータが入手できる省（法務省、外務省、防衛省、社会省、財務省および農業省）について、①〜⑩の所掌事務別の人数をまとめている。所掌事務の分類は、第1節(2)に示したとおりである。①総務、②渉外、③予算、④国際関係、⑤法務、⑥審査、⑦個別の政策課題、⑧監察・監督、⑨広報、⑩その他（不明を含む）の10項目とした。なお、財務省は1976年から1982年まで経済省と予算省に分割されていたことから、1980年の財務省のデータは経済省と予算省を合計した数値を用いている。

A．法務省

	①	②	③	④	⑤	⑥	⑦	⑧	⑨	⑩	計	割合(%)
1980							1				1	6
1985							1				1	7
1990							4				4	29
1995						1	5				6	38
2000	1					1	4		1		7	25
2005	1			3		1	6				11	38
2010	1					1	10			2	14	47
男性	2			3	4		6		1		16	

（注）　表中の「男性」の行は2010年における男性管理職の配置を、また、右端列の「割合（%）」は各年の管理職に占める女性の割合を示す。以下同じ。

　特徴としては、女性が人事（①）、審査（⑥）に配置されていることである。人事政策課の課長職には連続して3人の女性が担当し、審査課では1995年から2005年まで同じ者が担当した後引き続き女性管理職が配置されている。また、2005年には、法務（⑤）の3人のうち2人が法務審議官であった。

　初期の管理職にみられた傾向としては、2000年の人事（①）の課長は、産業省の企画・予算担当課長、行政管理庁（Statskontoret）の総務局長、財務省内の人事政策課長を経ており、総務分野でのキャリアを積んでいる。また、1980年の⑦

中１人は刑務課の課長級で、この者の前職は刑務所の運営を所管するエージェンシーの管理職で、法務省勤務後にエージェンシーのトップに就任している。

B．外務省

	①	②	③	④	⑤	⑥	⑦	⑧	⑨	⑩	計	割合(%)
1980											0	0
1985		1					1				2	5
1990	1	2			1		2				6	15
1995	3				1		6			1	11	20
2000	4				1		12	1		1	19	25
2005	6	1	2		1		16	2			28	33
2010	5	2	1		1		23		1		33	42
男性	9	1	2	6	2		24		1		45	

(注)　外務省については、④（国際関係事務）を⑦（個別の政策
課題）に計上している。

　管理職数、割合ともに調査対象年ごとに増えている。

　まず、①については、総務事務のなかでの異動もみられるほか、法務省と同様に人事を担当する管理職が多い。1995年以降１人以上の人事担当者がいる。2005年の人事課の課長級１人は、2010年にも同職にある。そのほか、総務部付の課長級、給与担当課長が多い。2000年に人事課の課長級であった人物が、2005年では給与担当の課長になっている。また、2010年の５人のうち１人は総務審議官であり、人事課の課長級１人は2005年にも同職にある。

　また、1985年、90年の渉外（②）は同一人物で、国会議員や政治家との連絡調整を担当する局付きの課長級である。2010年の１人も同様の職にある。外務省特有のポストである儀典課長には1990年、2005年時点で各１人である。

　法務（⑤）のうち1990年と2000年は法務審議官である、また、広報（⑨）は、2005年の２人のうち１人は、2000年から同じ職にある広報担当課長である。

　さらに、⑦については、アフリカ・中東、アジア・オセアニア、ヨーロッパ、通称、安全保障、国際協力、人権、移民難民等、幅広く任用されており、配属先の偏りはみられない。なお、1995年にはじめてアメリカ課の課長が誕生しているほか、1995年のEU加盟に伴いEU担当に配属される者が増えている（95年に１人、2000年に３人、2005年が２人、2010年が５人）。

C．防衛省

	①	②	③	④	⑤	⑥	⑦	⑧	⑨	⑩	計	割合(%)
1980	1										1	9
1985	1										1	8
1990	1				1		1				3	27
1995	1		1		1		1				4	40
2000					1		2				3	27
2005	2				1		1				4	36
2010	1				1		3				5	40
男性	1		2	1			2			1	7	

　人事担当に女性がつく傾向がみられた。①の1980年、85年、2005年、2010年に人事担当課長が各1人おり、そのうち、80年と85年は同一人物である。また、1990年と95年は総務担当課長となっているが、両年には防衛省内に人事課がないことから、総務課が人事を担当していた可能性がある。また、2005年には、総務兼法務審議官が誕生している。

　また、法務（⑤）でも同様の傾向がみられる。1990年と95年は同一人物で、この者は88年から法務事務の長であったが、92年に法務審議官（法務事務の課長を兼任）に昇格し、97年まで同職にあった。98年から、法務審議官は総務審議官を兼任する形になっており、これが2007年まで続いたが、2008年に両者が分離され、女性が法務審議官を務めた。これが2010年の1人である。

　さらに、個別の政策課題の項目（⑦）については、1990年と95年は同一人物で、民間防衛担当課の課長である。2000年にも同課の課長が女性であった。そのほか、2005年と10年は、軍事防衛担当課の課長級がそれぞれ1人と2人いる。2010年の残る1人は、緊急事態対策課の課長である。同年には民間防衛担当の課がなく、この事務を緊急事態対策課が所掌していると推測できる。

D．社会省

	①	②	③	④	⑤	⑥	⑦	⑧	⑨	⑩	計	割合(%)
1980											0	0
1985	1						1				2	20
1990	1						1				2	22
1995					2		4				6	46
2000	1						2				3	30
2005	1						4				5	42
2010	1						5				6	43
男性	2			1	3		1		1		8	

小規模省でポストが限られているなか、女性が非政治的任用職員のもっとも高いポストに就く傾向にあるのが特徴である。総務（①）に分類される各１人が全て総務審議官である。2000年からは総務兼法務審議官となっており、00年と05年は同一人物である。2005年時点の社会保険課の課長（⑦）が昇格し、10年に総務兼法務審議官である。また、法務（⑤）の1995年の２人のうち１人は法務審議官である。

　政策課題担当（⑦）については、社会保険課、社会サービス課、公衆衛生課に女性管理職がついている。社会保険課長は1995年、2000年および05年、社会サービス課長は05年と10年でこれは同一人物である。また、2005年と10年には同じ者が公衆衛生課の課長を務めている。なお、省内に男女機会均等課が置かれていた1995年には、その課長が含まれている。

Ｅ．財務省

	①	②	③	④	⑤	⑥	⑦	⑧	⑨	⑩	計	割合(%)
1980*											0	0
1985			1								1	4
1990	1		4								5	17
1995	2		3		2		2				9	20
2000	1		4				8				13	28
2005	3		4	1			10		1		19	35
2010			5	1			11		1	1	19	36
男性	2		7	5	2		18				34	

　　（注）　1980年のデータは経済省と予算省の計である。また、③
　　　　　（予算関係）には、省予算の担当のほか、国の予算編成の担
　　　　　当を計上している。

　財務省でも着実に管理職が増えている。

　既にみた省にも共通するが、財務省でも人事を担当するケースが多い。総務（①）の1990年から2005年まで人事担当の課長がいる。うち、1990年の人事課長は95年には総務課長になっている。また、2005年にははじめて総務兼法務審議官が誕生している。

　次に、③（予算）について、多くは国の予算編成の担当課長である。このうち、1985年の予算部の課長は90年には予算局長（budgetchef）に昇格している。予算局長は1990年と2000年が女性である。また、③には省内で予算の調整・執行や政策評価の担当が含まれており、2000年、05年および10年に各１人ずつその課

長がいる。

F．農業省

	①	②	③	④	⑤	⑥	⑦	⑧	⑨	⑩	計	割合(%)
1980											0	0
1985							1				1	13
1990							2				2	29
1995	1						2				3	27
2000	1						3			1	5	36
2005	2						1		1	2	6	46
2010	3			1	1		1		1	1	8	57
男性	1			1			4				6	

　総務（①）は総務の課長（95年、2005年、10年）と総務審議官（2000年）である。農業省の場合、人事担当の部署や担当者が名簿からは不明である。省内には総務課があるだけである。したがって、この総務課が人事を担当していると推測される。また、2005年の総務課の課長級1人は、00年には⑦に分類される課長（サーメ・教育）であった。2010年の総務課の課長級2人は、2000年の動物課課長（⑦）とその他（⑩）の課長級であり、省内での配置換えが観察できる。

　次に、国際関係（④）の1人（2010年）は、1995年、2000年時点で環境・地方担当課長（⑦）を務め、その後2005年には在ブリュッセルのEU代表部に勤務し、2010年時点ではEU・国際関係課の課長級に就任している。

　⑦は、ほぼ、日用品、環境・地域開発関係の各課長である。1985年から95年は日用品関係を担当する課長が、95年、2000年、10年には環境・地域開発関係の課長がいる。その他は市場担当（90年）、サーメ・教育（2000年）、消費者担当（05年）の課長である。

　⑨は広報チーム（Infomationsstaben）の長であり、2005年と10年は同じ人物である。

第4章　分析結果と検討

第1節　結果のまとめ

　まず、管理職の数は全体で、20年間に4人から145人となった。第3章第2節の(1)(2)からわかるように、この間法務、外務、財務の各省でも管理職が誕生し、その後大幅に増加している。

また、管理職に占める割合は全体で2％から47％に伸びている。小規模省の場合は管理職ポストが少ないため、1人の増減が割合を大きく変動させる。その例が文化省である。また、20年間で着実に割合が上昇した省もあれば、1995年から2000年に低下した省もある。後者の例が法務省、防衛省、社会省、文化省である。法務省は1増、防衛省1減、社会省3減である。文化省については、管理職数が9から11に増えるなか、女性が5から2に減少している。

　次に、配属先については、ここで取り上げた省の多くに共通するのは人事担当に配属される傾向があることである。具体的には、法務、外務、防衛、財務の各省にその傾向が強くみられるほか、農業省の総務のケースを含めると、実に6省中5省に人事担当の傾向がみられることになる。

　その他、事例でとりあげた全ての省で、政治任用ではない職員として最高位の総務審議官や法務審議官に女性が登用されるようになったことが確認できた。法務省（2005年法務審議官2人）、外務省（2010年総務審議官1人、1990年および2000年法務審議官各1人）、防衛省（2005年総務兼法務審議官1人、1995年および2010年法務審議官各1人）、社会省（1985年および1990年総務審議官各1人、2000年、05年および10年総務兼法務審議官各1人）、財務省（2005年総務兼法務審議官1人）、農業省（2000年総務審議官1人）となっている。

　さらに、財務省の予算局長は、省内で最も重要な組織のトップである（Premfors et. al. 2003 : 151）。1990年と2000年の予算局長が女性である。なお、1990年の予算局長は85年時点では予算部の課長を務めており、予算畑で実績を積んだ人物であろう。特定の分野でキャリアを積んで管理職になった者はほかにもおり、既に述べたように、法務省の2000年の人事課長の例や、農業省の10年の国際関係の課長の例がある。

第2節　検討

　以上のような管理職の任用には、どのようなメカニズムが作用しているのだろうか。この問いの答えを得るにはデータと分析の精度を高める必要がある。したがって、以下は、現時点での暫定的な考察である。

　一つには、指導的立場にいる女性のリーダーシップの存在である。2000年の政府年次報告書によれば、本稿の事例分析で取り上げた法務省について、1994年に事務次官に就任した女性政治家が当時の人事部長に対し、多くの女性が管理職になる戦略を考えるよう指示している（Regeringskansliet 2000 : 70）。実際、法務省

の女性管理職は、1990年時点の4人から、1995年に6人、2000年に7人と緩やかに増加したほか、配属先の広がりがみられる。1990年時点までは政策事項を扱う現課の課長のみであったが、2000年には総務部門にも登用されている。

また、第3章第2節の分析では扱わなかったが、交通・郵政省では、女性の総務審議官が、「男性が男性を選ぶのと同様、女性が女性を選ぶ戦略」を実行し、30年近く女性の総務審議官が続いた（Regeringskansliet 2000 : 71）。

以上の2点は、同性のネットワークによる男性優位構造を指摘するリンシェーピン大学教授 Anita Göransson の、議会財務委員会の公聴会での発言内容と符合する[21]。

二つ目には、男女機会均等を推進する上での採用システムのあり方である。既に述べたように、1997年の組織改編により、それ以前は各省が直接職員を採用していたが、改編後は窓口が一本化され内閣総務局がその事務を担当している。この1997年の組織改革については、政府部内の報告書において「給与などの雇用条件、労働環境、男女平等などの問題で、省間で同じ取り組みを実施し、それを継続しやすくなった」と評価されている（Ds 2003 : 44 : 4－5）。とりわけ、採用における男女機会均等の推進については、個々の省の取り組みにゆだねるよりも効果的であると考えられる。また、職員研修も内閣総務局が実施しており、1997年の改組以降は、特に管理職の育成に優先的に取り組んできた。なかでも男女機会均等は重要テーマである（Ds 2003 : 44 : 4－5, 14）。

第5章　おわりに

本稿では、省における女性の管理職任用の状況をみてきた。分析対象期間の20年で、管理職数と割合が着実に上昇している。また、配属先について、取り上げた省に共通する傾向として、人事担当に配属されることが多いことがわかった。各省の人事担当の中核的業務は、研修等による人材育成である。職員の研修においてもジェンダー主流化は重要な要素であり、したがって、人事担当が、省内の男女機会均等の推進役になると考えられる。人事担当課長に女性が多いことが、女性の管理職任用にどのような影響を及ぼすのかは検証する必要があるが、組織内で指導的立場にいる女性のリーダーシップは、女性の任用促進のための重要な要素になるだろう。今後さらに情報を得るための現地調査の機会があれば、分析の精緻化と女性の管理職登用に係るメカニズムの解明を試みたい。

また、あわせて、女性の登用が「進み過ぎた」状況をどう考えるかも興味深い点である。一方の性が40％を下回る場合、「男女比の偏り」があるとみなされるという点に立ち戻ると、女性が60％を超える場合にどのような方策を講じるべきなのだろうか。現実に、自治体の職員や管理職についてはその分野により圧倒的な女性優位の状況が生まれている。財政専門家委員会が2018年に発表した政府調査報告書『機会均等は重要である（Jämställdhet räknas: en ESO-rapport om kvinnors förändrade position i arbetslivet)』（SOU 2020：2）はこれまでの男女機会均等政策を教育、労働、権力と影響力、賃金等多面的に分析している。このうち、権力と影響力に関して公務部門と民間部門の比較において、女性職員の割合が60％を超えた国の機関の状況を、「国の行政機関は不平等である」と表現している（SOU 2020：2：160）。

　機会均等が進展しているとされるスウェーデンでも、社会全体の状況に目を向けると、第1章で言及した6つの重点目標を達成するための課題は多い。近年とくに注目されるのが、経済的な機会均等と、家事やケアの無償労働の均等な分担である。スウェーデンでは、父親の育児家事分担が日本よりも多いが、それでも女性が無償労働に従事する傾向は根強く、これが、女性の働き方（パートタイム労働）に影響を与えているとされる。そして、この働き方の相違が、現役期のみならず高齢期の年金額にも影響することで、生涯年収の男女差をもたらしていると考えられている。この、経済的な機会均等と家事・ケアの無償労働の分担については、労働市場分野や年金等社会保障分野で論じられたほか、最近では、2022年に政府調査報告書『ギャップを減らす（Minska gapet)』（SOU 2022：04）が出されている。

【附記】　本稿は2022年度日本行政学会共通論題Ⅰ「行政とジェンダー」における筆者の報告、討論及びコメントを基に執筆したものである。討論者の先生方はじめ、コメントを頂いた方々に感謝申し上げたい。

【注】

1　権力と影響力の平等な配分、経済的な機会均等、教育の機会均等、家事やケアの無償労働の均等な分担、健康のための機会均等および女性に対する男性の暴力の廃絶の6項目である。

2　1983年から行政省内に男女機会均等担当部局が設けられているが、それ以来、その時々の政権、大臣、政策方針等により機会均等政策を所管する省はしばしば変更され

ている。また、専門的な行政庁の創設についても長く議論されてきたが2018年まで実現には至らなかった（秋朝　2022）。

3　国家行政組織に関する政令（Förordning 1996：1515 med instruktion för Regeringskansliet）には内閣の下に置かれるエージェンシーの一覧のほか、使用者庁（Arbetsgivarverket）による統計（https://www.arbetsgivarverket.se/nyheter--press/fakta-om-staten/anstallda-i-staten/）を参照。

4　2022年9月の選挙により政権が交代し、それにより省再編が行われている。

5　エージェンシーについてはそれぞれの機関で採用を行う。

6　これは、スウェーデン統計局「職業統計」で用いられる職業分類SSYK 2012（https://www.scb.se/ssyk/）の4桁コードの末尾1または2のポストを指す。

7　この数には、省内に設置される調査委員会や在外の職員が含まれる。

8　1997年の改組により各省共通の庶務を内閣総務局が担当するようになったことや、IT化の推進等により秘書・アシスタント等の事務職員数は1997年以降減少傾向にある。全体としての職員数が増加するなか、職員全体に占める秘書・アシスタント等の割合は1996年の31％から2002年には約25％に低下している。

9　議会財政委員会の公聴会における使用者庁（Arbetsgivarverket）トップの次の発言が裏付けている。「今後10年間で約5万人の新規雇用を見込んでいるが、これらの職種の大半は学位が必要となる。私たち政府がよく採用する職種では、法学士や社会学士など女子学生が多数を占めている。そのため、政府が求めるスキルが問われる職務には男性よりも女性の方が多くなる可能性が高い。むしろ、今後、男性を雇用するのが難しくなるのではないかと心配しはじめている会員機関がある」（Finansutskottet 2008：8）。なお、使用者庁とは省庁を会員機関とする使用者組織である。

10　大きな政治的意思決定が求められる頻度がはるかに高まった（政治のテンポがずっと速くなった）こと、メディアの役割の変化（より頻繁に、またより多くの問題が政治的なものとみなされて、メディアが政治的な発言をより求めるようになった）ことにより政治的な協力者を身近に置きたいと議員が求めるようになった。また、1976年以降は政権交代が起きるようになった。長期政権になれば、政治家の経験値が高まり、また、職員に対する理解や職員の政治家の考え方への理解も深まり、安心できる関係性が構築できる、と分析している（Freivalds och Heckscher 2018）。

11　なお、2011年から15年には民間のイニシアチブにより名簿が刊行されている。

12　https://gupea.ub.gu.se/handle/2077/68175/browse?rpp=20&sort_by=1&type=title&offset=120&etal=-1&order=ASC

13　2022年5月の研究大会時での報告を精査し、本稿で「管理職」とする範囲を見直し

た。結果、研究大会報告での「管理職」の範囲とはやや異なっている。

14　よって、課の下の単位である係（sektion）の長（sektionschef）は算入しない。

15　係長はスウェーデン統計局「職業統計」で用いられる職業分類（SSYK 2012）上では「chef」ではない。他方、課長級（departementsråd）については、同職業分類で「chef」とされていることから、現に課長ポストにいなくても、本稿では「管理職」として扱う。

16　この企画担当長は、政治的に任用される政策専門家集団のリーダーとして、あるいは政治スタッフの一員として経験者（政策分析等）を採用するときのポストとして活用されるなど、その機能や職務内容は省によりさまざまである。Ullström（2011：118－123）は、この職が組織内のライン上に位置付けられておらず、また、政策専門家と同様に政治家契約（politikeravtal）を結び、大臣が変われば同時に辞職することに着目し、政治任用職員とみなすべきとしている。

17　さらに、2022年の年次報告書では、chefを「非政治的に任用された上級職員および組織内の人事責任を有する職員」としている（Regeringskansliet 2022：83）。

18　1977年から82年まで、財務省は予算省と経済省に分割されていた。よって、1980年の値は予算省と経済省の管理職数の合計である。

19　なお、2005年は、教育省と文化省が統合されていたことから、その教育・文化省の管理職数および割合を文化省分として記載している。

20　新設や廃止により、1980年から2010年までの5年ごとのデータがない省がある（例：通商省（Handelsdepartementet））。

21　経済史学者の観点から長年ジェンダー研究に取り組んでいるリンシェーピン大学のAnita Göransson教授は、2008年開催の議会財務委員会公聴会で以下のような発言をしている。「男性と女性は異なるタイプの指導的地位にいる。男性は運営委員会の長を務め、女性は運営委員というパターンである。現職の男性を辞めさせずに女性を増やすなら、執行委員会を増やせばよいと発想する男性がいる」（Finansutskottet 2008：17）。「過去の企業トップに対して機会均等についての考えを尋ねた調査では、大多数が女性のトップが必要だと考えている。その理由として、男性と女性では生活上の経験が異なることや、女性が多いと仕事や議論の仕方が変わることを挙げている。男性がリーダーで女性はフォロワーでよいという伝統的な考え方も残っているが、女性やその他のグループが権力から排除されてはならない。なお、トップになるには、教育と人的ネットワークが同程度に必要で、とくに後者がなければトップになるのは難しい」（Finansutskottet 2008：20）。

【参考文献】

（公的文書）

Arbetsgivarverket (2021) *Anställning i staten.*

Arbetsmarknadsutskottets betänkande (2005/06:AU 11) *Nya mål i jämställdhetspolitiken.*

Ds 2001:64 *Ändrad ordning - Strategisk utveckling för jämställdhet.*

Ds 2003:44 *Regeringskansliet en myndighet:en analys av effekter och konsekvenser*

Finansutskottet (2008) *Finansutskottets offentliga utfrågning:Statlig arbetsgivarpolitik och jämställdhet,* (2007/08:RFR 19)

Kommittédirektiv (Dir. 2016:108) *Inrättande av en jämställdhetsmyndighet.*

Proposition 1993/94:147. Delad makt - delat ansvar.

Regeringskansliet (2021) *Regeringskansliets årsbok 2020.*

Regeringskansliet (2022) *Regeringskansliets årsbok 2021.*

Riksrevision (2015) *Riksrevisionens rapport om jämställdhetssatsningen 2007-2014* (RiR 2015:13).

Redaktionskommittén för Sveriges statskalender. 各年. *Sveriges statskalender.* LiberFörlag.

Regeringens skrivelse 2002/03:140 *Jämt och ständigt - Regeringens jämställdhetspolitik med handlingsplan för mandatperioden.*

Regeringens skrivelse 2016/17:10 *Mål och myndighet - feministisk politik för en jämställd framtid.*

SOU 2007:15 *Stöd för framtiden: om förutsättningar för jämställdhetsintegrering .*

SOU 2015:86 *Mål och myndighet - en effektiv styrning av jämställdhetspolitiken.*

SOU 2020:2 *Jämställdhet räknas: en ESO-rapport om kvinnors förändrade position i arbetslivet.*

SOU 2022:4 *Minska gapet : Åtgärder för jämställda livsinkomster.*

Statistiska Centralbyrån (SCB) (1998) *På tal om kvinnor och män 1998: Lathund om jämställdhet.* その他、2022年版

Statistiska Centralbyrån (SCB) (2012) SSYK 2012: Standard for svensk yrkesklassificering.

（その他）

Bäck, Henry och Torbjörn Larsson (2008) *Den Svenska Politiken : Struktur, processer och resultat, Andra upplagan.* Liber.

von Essen, Ulrik (2014) *Arbete i offentlig färvaltning*, Norstedts Juridik.

Dahlström, Carl (red.) (2018) *Politik som organization : förvaltningspolitikens grundproblem*, Studentlitteratur.

Gornick, Janet C. and Jerry A. Jacobs (1998)"Gender, the Welfare State, and Public Employment: A Comparative study of seven industrialized countries". in *American Sociological Review*, Vol.63 (October) pp. 688-710.

Freivalds, Laila och Sten Heckscher (2018)"Politiker och tjänstemän i Regeringskansliet" in Svensk Juristtidning, 2018, Häfte 1.

Isaksson, Emma och Torbjörn Nilsson(red.) (2006) *Makten i kanslihuset:Vittnesseminarium 16 maj 2006; Samtidshistoriska frågor 13.* Samtidshistoriska institutet, Södertörns högskola.

Lowi, J. Theodore (1985)"The State in Politics: The Relation Between Policy and Administration"in Noll, G. Roger(ed.), *Regulatory Policy and the Social Sciences*, University of California Press, pp. 67-96.

Lundmark, Kjell, Ulf Staberg och Arne Halvarson (2009) *Sveriges statsskick - Fakta och perspektiv*, Liber.

Lundquist, Lennart (1992) *Förvaltning, stat och samhälle*, Studentlitteratur.

Nyberg, Anita (2012)"Gender Equality Policy in Sweden: 1970 s-2010 s", in *Nordic Journal of Working Life Studies*, Vol.2 №.4 pp.67-84.

Peters, Guy (2010)"Sweden: the explosion of public employment"in Rose, Rochard (ed.) *Public employment in Western nations, pp.* 203-227.

Petersson, Olof (2007) *Den offentliga makten*, SNS Förlag.

Premfors, Rune, Peter Ehn, Eva Haldén och Göran Sundström (2003) *Demokrati och byråkrati*, Studentlitteratur.

Premfors, Rune, och Göran Sundström (2007) *Regeringskansliet*, LIBER.

Ullström, Anna (2011) *Styrning bakom kulisserna: Regeringskansliets politiska staber och regeringens styrningskapacitet*, Stockholm Studies in Politics 138, Stockholms universitet.

Ögren, Mats (red.) (2005) *Makten framför allt: En antologi om statsminister Göran Persson*, Wahlsträm & Widstrand.

秋朝礼恵（2021）「スウェーデンの機会均等政策と行政」、一般財団法人行政管理研究センター『季刊行政管理研究』№.176 pp.4－15.

出雲明子・グリヴォ，アルノ（2019）「公務員の女性活躍と働き方改革：両立支援から

キャリアアップに向けた支援へ」、一般財団法人行政管理研究センター『季刊行政管理研究』№166 pp.32－45.

申琪榮（2015）「『ジェンダー主流化』の理論と実践」、お茶の水大学『ジェンダー研究』第18号、pp. 1－6

前田健太郎（2014）『市民を雇わない国家：日本が公務員の少ない国へと至った道』東京大学出版会

村松岐夫編著（2018）『公務員人事改革：最新米・英・独・仏の動向を踏まえて』学陽書房

政治分野のハラスメント防止に向けて
—イギリス議会の苦情処理手続と日本の地方議会ハラスメント条例を手がかりに—

三 浦 ま り

━ 要旨 ━

政治分野における男女共同参画推進法が2021に改正され、ハラスメント防止が議会の責務として課されるようになった。ハラスメントは女性の政治参画を阻害する一因であり、その根絶に向けた制度構築が求められている。政治という「仕事の場」に関わる様々な立場のあいだで権力関係に応じてハラスメントが生じていることを踏まえると、被害者として議員・候補者だけを想定するのではなく、議会事務局や行政機関の職員、議員秘書、記者、選挙ボランティアなどを包括する防止体制を構想すべきである。政治エコシステムが多様な人々を受け入れ、女性やマイノリティが安心して働ける場となることが、成熟した民主政治を実現するには不可欠だからである。本稿では、政治分野で生じているハラスメントの実態を概観し、「女性に対する暴力」に関する知見の有用性を示す。さらに、イギリス議会の苦情処理手続きを紹介し、現在地方議会で進みつつあるハラスメント防止体制において検討すべき論点を提示する。相談、調査、措置・処分の３つの機能を区分し、非公式な調停を充実すべきこと、また、民主的に選出された首長や議員に対する懲罰について何が論点となるのかを提示する。

▷キーワード：政治分野における男女共同参画推進法、女性の政治参画、ハラスメント根絶条例、女性に対する暴力

はじめに

政治分野における男女共同参画を推進する法律（候補者男女均等法）が2018年に成立し、2021年にはハラスメント防止規定を含む大幅改正が実現した。候補者男女均等法は男女が対等に意思決定に参画する民主政治の実現をめざすもので、女性議員が少ない現状では女性議員を増やすことが求められる。女性候補者・議員が被るセクシュアル・ハラスメント（以下、セクハラ）やマタニティ・ハラスメント（以下、マタハラ）が女性の政治参画を阻害する一因となっているという

認識の下、法改正によってハラスメント防止体制の構築が政党には努力義務とし
て、国会・地方議会等には責務として課せられることになった。

　政治分野において生じるハラスメントを考えるとき、被害者は候補者・議員に
限らない。むしろ、議員が行為者となり、行政機関の職員、秘書、記者などに対
してハラスメントを行っている事案が数多く存在する。様々な権力関係に応じて
ハラスメントが発生することを考えると、対象者を狭く定めてハラスメント防止
体制を構築するのではなく、議会という「仕事の場」を包括的に捉えて対策を講
じるべきであろう。

　この時、参考になるのが「エコシステム」（生態系）という考え方である。そ
れぞれの生態系に応じて多種多様な生物が生息するように、政治エコシステムも
またそこで働く人々の環境を形成し、誰が生息（参加）でき、誰が排除されがち
であるのかを規定していく。現在、議会にも行政にも女性が少ないということ
は、政治エコシステムが多様性を保持するものとなっていないことを意味する。
政治エコシステムが多様な人々を受け入れ、女性やマイノリティが安心して働け
る場となることが、成熟した民主政治を実現するには不可欠といえよう。

　政治エコシステムという観点から、行政や議会における女性の少なさを総合的
に捉え、女性にとって働きやすい場へと転換を図るためには、ハラスメントの根
絶が重要テーマとして位置づけられる。そこで本稿では、政治分野においてどの
ようなハラスメント防止体制を構築すべきなのかについて、海外の事例や地方議
会の条例を手がかりに論じる。まずは第1節で政治分野におけるハラスメントの
実態を概観し、第2節においてフェミニスト政治学が発見してきた「政治分野に
おける女性に対する暴力」概念の有効性を見ていく。さらに、第3節において、
議会を「仕事の場」として捉えることで、これまでの職場におけるハラスメント
防止体制を適用する意義、またその限界を整理する。これらの理論的検討を経た
上で、第4節ではイギリス議会の苦情処理手続きをやや詳しく見ていく。これは
世界でも類を見ない包括的な制度設計で、4年間の活動実績について詳細な報告
書が刊行されている。日本にとっても参考になる点が多い。第5節では、すでに
策定された日本の地方議会のハラスメント防止条例を検討し、第4節で示したイ
ギリスの制度設計と照らし、評価できる点と今後の課題を提示する。

1　政治分野におけるハラスメントの実態

　議会におけるハラスメントの存在が一般に広く知られるようになったのは、

2014年6月に東京都議会で塩村文夏都議がセクハラ・ヤジを受けたことがきっかけであろう。女性の妊娠・出産に対する支援体制について質問を行った際に、複数の男性議員から「早く結婚した方がいいんじゃないか」「自分が産んでから」といったヤジが飛び、これが広く報道され、「都議の特定と処分を求める」ネット署名が始まった。24時間で3万件、最終的には約9万件もの署名が集まった。世論の高まりに押されるようにして、唯一発言が特定された鈴木章浩都議は塩村都議に公式に謝罪し、1年間所属する自民党会派から離党した。この時、当事者である塩村都議を除く女性議員全員が発言者の処分を議長に求めたが、都議会は発言者処分も再発防止も行わなかった。この事件から10年近くの年月が流れたが、議会のハラスメント防止体制はどの程度進展したといえるだろうか。

(1) 実態調査から見えてきたこと

　都議会セクハラ・ヤジ事件を契機に、2つの重要なセクハラ調査が実施された。1つは全国フェミニスト議員連盟による「性差別体験アンケート」で、2014年7〜8月に実施され、回答した143人の女性地方議員のうち、52％が「他の議員あるいは職員から性にもとづくいやがらせや不快な言動を受けたことがある」と答えている（全国フェミニスト議員連盟 2015）。また、新日本婦人の会は女性地方議員を対象に2014年9〜12月にアンケート調査を行い、回答者964人のうち、「議員として活動する中で、女性蔑視や差別、暴言など不快だと感じたことはありますか」の問いに対して、54.1％が「ある」と回答し、また22.3％が性的言動に関わる経験を記述した[1]。

　この2つの調査からも女性議員が被るハラスメント被害が広範に及ぶことがわかる。国が行った調査としては、2021年に内閣府男女共同参画局委託事業として実施された「女性の政治参画への障壁等に関する調査研究」がある（以下、内閣府調査）。その報告書によると、立候補を考えていたが断念をした人に対する調査において、立候補を検討している時または立候補準備中に、有権者や支援者、議員等から調査票で示された8つのハラスメント行為を受けたかという質問に対して、男性の58.0％、女性の65.5％がいずれかを受けたと回答している。同様に、現職の地方議員を対象に、議員活動や選挙活動中に、有権者や支援者、議員等からハラスメントを受けたかという質問を行ったところ、男性の32.5％、女性の57.6％が受けたと回答している。選挙活動や議員活動において、相当高い割合でハラスメントが発生しているということがわかる。そして被害の割合は女性の

方が多い。

　内閣府調査からは、女性が被るハラスメントは性的形態を取る傾向が強いことも示された。地方議員に関しては、「性的、もしくは暴力的な言葉（ヤジを含む）による嫌がらせ」は女性の26.8％が経験しているが、男性では8.1％である。「性別に基づく侮辱的な態度や発言」の経験については女性の23.9％に対して、男性では0.7％でしかない。

　セクハラが女性にとっては政治参画の障壁となっていることが明瞭に示された調査だといえるだろう。内閣府調査では、立候補を決めた段階から選挙期間中の「課題」として、「性別による差別やセクシュアルハラスメントを受けた」に回答したのは女性の24.9％だが、男性はたったの0.9％である。男性もセクハラの被害に遭うが、それが選挙活動の障壁だと捉えることはわずかであることが窺える。また、議員活動の「課題」として「性別による差別やセクシュアルハラスメントを受けることがある」に回答したのは女性では34.8％だが、男性では2.2％でしかない。議会活動においてセクハラが横行すること自体が問題だが、その影響は男女で大きく差があり、議会の圧倒的多数を占める男性にとっては取るに足らない問題だと認識する傾向にある。こうした認識のジェンダーギャップが問題の解決を阻んでいるといえよう。

　筆者らが全国フェミニスト議員連盟と共同で2021年5〜6月に会員の地方議員に対して実施した議会におけるいじめやハラスメントに関するアンケート調査では、ハラスメントを経験した回答者に対して、行為者を同僚議員と有権者に分けて尋ねた[2]。81.0％が同僚議員から、76.2％が有権者から何らかのハラスメントを受けた経験があると答えている。有権者からのハラスメントは「票ハラ」としてしばしばメディアの注目を浴びてきたが、ほぼ同水準で議員が行為者となるハラスメントが生じていることが窺える。本調査では、ハラスメントを受けた場所について、「議会の建物の中（議場や会派控室）」「建物の外」「どちらとも言えない」の3択で尋ねたが、回答者の55.9％が、主に「議会の建物内」でハラスメントを受けたと回答し、「どちらとも言えない」と回答した26.5％を合わせると、8割以上が議会の建物内でハラスメントを経験している。セクハラは主に飲酒を伴う懇親会などの場で発生していると思われがちだが、ハラスメント全体に広げるとむしろ議会の建物内で多く発生していることが示された。地方議会の現状は政治エコシステムとして由々しき事態であることがわかる。

さらに、同僚議員から何らかのハラスメントを受けたことがあると回答した68人のうち75.0%が何らかの影響があったと答え、具体的な内容としては、「萎縮した」（70.6%）が最も多く、30%を超えた回答としては「メンタルな影響が出た」「SNSなどでの発言を制限するようになった」「外の人に言えない苦しさを感じた」がある。さらに29.4%が「議員を辞めようと思ったことがある」と回答した。ハラスメントの被害がいかに甚大で、女性の政治参画に対する深刻な脅威となっているかが窺える[3]。

(2) 様々なハラスメント事案

上記で紹介した調査は、候補者・議員が被害者となるものであるが、報道されたケースでは首長や議員が行為者となり、自治体の職員が被害者となるものも多い。後述する地方議会のハラスメント防止条例も、2022年に福岡県議会が策定する以前は、すべて職員が被害者となるケースや首長が行為者となるケースを想定していた。2019年刊行の『議員・議会関係者のためのセクハラ防止マニュアル』（国政情報センター編）には、自治体職員の被害ケースがいくつも取り上げられている。

議員から職員へのハラスメントとしては、東京都国立市において男性市議が女性市職員にセクハラ・パワハラを行った事案がある。これを契機に、国立市議会は再発防止に向けて、セクハラ・パワハラの禁止を含む国立市議会政治倫理条例を2018年に制定した。埼玉県川越市でも男性市議から女性市職員へのセクハラ・パワハラが問題となった。市議会の第三者委員会は女性職員が主張した19件のハラスメントのうち5件を認定したが、双方が相手に損害賠償を請求する訴訟に発展し、2022年1月にさいたま地裁は「市議の地位や権力を利用し、複数回にわたって飲酒強要やセクハラなどに及んだのは悪質」とし、女性側の訴えを虚偽だと主張していることも「極めて不誠実な態度」と元市議に110万円の支払いを命じた（現在、控訴中）[4]。この事件を契機に川越市ハラスメント根絶条例が2019年に制定された。

首長から職員へのセクハラとしては東京都狛江市の事案がある。狛江市長が複数の女性市職員に繰り返しセクハラ行為を行っていたことが明るみになり、4人の女性市職員が実名で抗議文を提出し、2018年6月には市長が辞職に追い込まれた。この事案をきっかけに、狛江市職員のハラスメントの防止等に関する条例が同年成立した。

　職員から議員へのハラスメントも女性議員からは聞くところである。新人など政治経験の浅い議員に対して、あるいはこれまでの（男尊女卑を含む）慣行を尊重していないとみなされる女性議員に対してベテラン男性職員が行うものである。

　被害者として記者も忘れてはならない存在である。行為者は首長、議員、警察、検察、地方・国家公務員である。有名な事例は長崎市の男性幹部が取材中に女性記者に対して性暴力をふるったもので、さらには別の男性幹部が虚偽情報を広めたため、記者が市に対して謝罪と損害賠償を求める訴訟を起こした。2022年5月に長崎地裁は長崎市に1,975万円の賠償を命じる判決を下した。判決は被害者が被った性暴力と二次加害をも認定する画期的なものであった。他にも、2018年に福田淳一財務事務次官からのセクハラを女性記者が告発し、2022年には細田博之衆議院議長が複数の女性記者にセクハラをしているという疑惑を週刊誌が報道した。日本マスコミ文化情報労組会議（MIC）による2018年の調査では女性の外勤記者の88.9％が警察、検察、地方・国家公務員、政治家の取材先からセクハラ被害にあったと答えたという（吉永2022）。

　女性記者に対するセクハラは取材対象者と一対一で、時には飲酒を伴う場で情報を取ることが常態化している取材文化のなかで引き起こされているものである。公権力を担う者が情報提供を盾に職権を濫用し、性暴力をふるう実態が垣間見えてくる。取材現場においてセクハラが生じているということは、被害者にとっての性的自由を含む人権を侵害するものであるが、同時に報道の自由を脅かすものでもある。報道の自由は民主主義の存立基盤であることを鑑みると、権力者から記者へのハラスメントもまた政治エコシステムの問題として防止策を講じていく必要があるといえよう。

　事件化されたものや調査としてはまだ見えてこないが、政治家秘書からインターンや選挙運動員・ボランティアへのハラスメントも個人的には聞くところである。同じ事務所内の秘書間でのハラスメントは、泣き寝入りになりがちな事案ではないだろうか。報道されたものとしては、1999年に横山ノックによる選挙運動員への性暴力事件があるが、これは強制わいせつ罪として執行猶予付きの有罪判決が下されている。

　ここまで見てきたケースは氷山の一角であろう。報道されたり裁判になったりしたケースを見ただけでも、政治エコシステムが健全であるとはいえないことが

わかる。様々な関係性に応じて、様々な立場の人が行為者や被害者となっている。女性議員・候補者が被るハラスメントは政治参画の阻害要因の一つであるが、それを防止するには政治に関わるすべての人を対象として防止体制を構築する必要がある。女性の秘書や職員が少ないことも、女性議員にとっての働きにくさを形成しており、彼女たちは女性議員以上に脆弱な立場に置かれ、ハラスメントの被害に遭いやすい[5]。つまり政治エコシステムの問題として包括的に捉えることが適切である。

2　「女性に対する暴力」

　すでに見てきたように、被害者は女性の方が男性よりも多いが、男性の被害者も少ないわけではない。ただし、性的な形態をとること、つまりセクハラは圧倒的に女性が被りやすいハラスメント類型である。このようなジェンダー差を理解するには、フェミニスト政治学者が発展させてきた「政治分野における女性に対する暴力」（Violence against Women in Politics, VAWP）という概念が有効であろう。

　「女性に対する暴力」という概念自体は1993年に国連総会で採択された「女性に対する暴力の撤廃に関する宣言」にて定義が与えられ、それは「性別に基づく暴力行為であって、女性に対して身体的、性的、若しくは心理的な危害または苦痛となる行為、あるいはそうなるおそれのある行為であり、さらにそのような行為の威嚇、強制もしくはいわれのない自由の剥奪をも含み、それらが公的生活で起こるか私的生活で起こるかを問わない」（第1条）とされる。女性に対する暴力は様々な形態をとり、殺害、レイプ、わいせつ行為、ストーキング、盗撮、脅迫といった犯罪を構成する行為から、ハラスメント、マイクロアグレッション（日常に潜む差別表現・行為）まで広く含む。法的に定義されるハラスメントだけではなく、一方には犯罪となる行為があり、他方にはまだ名前のつけられていない不適切な行為も含まれる。つまり、暴力を連続体として捉える視点が必要である。なぜなら、女性に対する暴力は差別の一形態であり、ジェンダーに基づく差別が暴力の形をとって表れるからである。暴力は様々な形を取り得るため、形態だけに注目するのではなく、動機に踏み込んだ理解が求められる。

　女性に対する暴力は政治分野においても生じる。IPU（列国議会同盟）などの国際機関は「政治分野における女性に対する暴力」の特徴を次のようにまとめて

いる。(1)女性であることを理由に女性を標的とする、(2)性差別的な脅迫や性暴力など、ジェンダー化された暴力の形態をとる、(3)その影響は女性を萎縮させることであり、とりわけ政治活動の継続を困難にする（IPU 2016）。つまりは、女性が女性であるがゆえに被り、女性が政治参画することを阻む効果を持つのが政治分野における女性への暴力である。当然ながら人権侵害であり、女性が完全に、自由に、そして安全に政治参画することを阻害する。

　政治学者モナ・レナ・クルックは「政治分野における暴力」と「政治分野における女性に対する暴力」を概念として区別するべきだと主張する（Krook 2020）。前者は男女とも標的となり得るもので、ジェンダー化された形態をとる場合とそうでない場合がある。後者は女性を標的とし、その目的は女性を政治から排除することにある。同じ女性が両方の暴力を経験することもある。つまり、性的な形態を取ったかどうかだけに目を奪われるのではなく、暴力の動機に踏み込んで理解をする必要があることになる。日本の法律がしばしば「性的な言動」にだけ着目し、その動機については議論が乏しいことを踏まえるとクルックの指摘は重要である。

　女性に対する暴力、より正確に述べればジェンダーに基づく暴力、の背景にあるのは性差別である。ジェンダー規範（家父長制の規範）に叛いた行動をとる男女に対する制裁として暴力が使われるからである。女性が男性の領域とされる政治に「侵入」することはジェンダー規範に抵触し、そうした女性を追い出すことが暴力行使の目的となる（三浦 2023a）。

　さらに重要な点は、被害者自身に対して害悪が及ぶだけではなく、暴力行為を見るものにとっての影響も生じることである。クルックはこれを「記号的暴力」（semiotic violence）と名づける。女性政治家を傷つけ、統制し、従わせるような性差別的で侮蔑的な言葉や画像を用いて、政治的に活動する女性がどのように扱われるのかを見せつける暴力である。攻撃的な表現だけではなく、その女性がまるで存在していないかのように扱ったり、女性が無知であるかのように説教を行うマンスプレイニング（mansplaining）や、女性の話に割り込むマンスラプティング（mansrupting）も含まれる。これらの行為は公衆の面前で行われることにより、被害者だけではなく、それを目撃した女性もまた同時に傷つけられる。女性が公衆の場でどのように酷い扱いを受けるかを見せつけることによって、女性全体を抑圧する行為といえる。

政治分野における暴力は被害者の政治参画を阻害する効果を持つ。暴力を受ける（可能性がある）ことで女性が立候補をためらえば、女性有権者にとっても女性の声を受け止めてくれるであろう候補者が十分に供給されないことを意味する。政治分野における女性に対する暴力が人権侵害であるということの意味は、被害者に与える直接的な危害や苦痛のみならず、社会全体が影響を被るものであり、民主主義の発展を阻害するものとして認識する必要があるだろう。

　女性に対する暴力の視点で、政治分野におけるハラスメントを分析していくことは極めて重要である。ハラスメントは権力関係を背景にして引き起こされることから、しばしば公的あるいは実体的な上下関係が取り沙汰されるが、それにとどまらず、社会における性差別意識やミソジニー（女性嫌悪）がハラスメントを引き起こす点に注意を払う必要があるからである。究極的には、社会の性差別意識の解消なくしては女性に対する暴力を撤廃することはできない。同様に、障害者差別、人種差別、階級差別などあらゆる社会的差別が折り重なりハラスメントが発生することから、包括的な差別撤廃が不可欠である。

　ハラスメントの認定においては、被害者がどのように感じたかが一般的には重要である。このことから、何がハラスメントに当たるかどうかは被害者の感受性によると誤解され、加害の背景にある社会的差別が見落とされることがあってはならない。また、事件化された深刻な事案を見て、特殊な性質を有するハラッサーが起こした事件と捉えるのも同様の問題をもたらす。ハラスメントの発生を加害者の個人的性質から理解してしまうと、構造的な差別の存在が見えなくなる。世間の耳目を引く一部の例にだけ暴力の発生を矮小化するのではなく、暴力を連続体で捉え、軽微なものから犯罪行為に至るまで、その背景にある差別構造を認識することは、有効なハラスメント研修の内容を構想するためにも重要な点である。

3　「仕事の場」としての議会

　職場におけるハラスメント防止の体制は基本的には管理責任者である事業主がその防止の責任を負うものである。同時に、ハラスメント行為について刑事・民事上の禁止規定や罰則を置く国もある。日本はハラスメント行為自体が禁止されていないという点で、むしろ特異な環境にある。世界銀行の「女性・ビジネス・法」データベースによれば、2022年時点でOECDに加盟する32か国のうち職場に

おけるセクハラ禁止法を持たないのは日本だけであり、民事または刑事法上の規定を持たないのは日本とチリだけである。他方、セクハラを犯罪化する国は14か国に及ぶ[6]。

政治分野におけるハラスメント防止体制は、その国の一般的なハラスメント規制の影響を受ける。ハラスメント行為を犯罪化している国では議員であろうと訴追の対象になるが、民事法上の規定が議員に対しても効力が及ぶのかでは対応が分かれている。オーストラリア、デンマーク、ニュージーランドではハラスメント関連法の対象に議員も含まれるが、イギリス、ドイツ、スウェーデンでは議員は雇用関係にないため対象外に置かれている（Culhane 2019）。後述するようにイギリスでは議会関係者については別個の苦情処理手続きを整えるに至っている。

雇用関係の有無は政治分野のハラスメントを考える際に極めて重要な点である。選挙で選出される議員・首長には処分を下すことのできる事業主が存在しない。あえて言えば議員の雇用主は有権者である。不適切な言動をとった議員に対して、有権者はリコールしたり次回選挙で落選させたりすることができるが、その実現のハードルは高い。辞任を求めるほどの懲罰ではなく、謝罪、ハラスメント研修受講、議員報酬の一部返納、出席停止といった措置を講じることを有権者として要求する制度自体が存在しない[7]。つまりは、議員・首長が行為者となった際の制裁の仕組みをどのように整えることができるのかが課題である。

(1) 職場におけるハラスメント防止体制

政治分野におけるハラスメント防止体制を考えるにあたり、日本の職場におけるハラスメント防止体制を確認しておこう。職場のハラスメントについては3つの法律によって3種類のハラスメントを防止することが事業主に課せられている。セクハラは男女雇用機会均等法、マタハラは男女雇用機会均等法および育児介護休業法、パワーハラスメント（パワハラ）は労働施策総合推進法である。どれも禁止規定は置かれず、防止措置を定めるものである。つまり、事業主に対して、ハラスメントの内容とそれを行ってはならない旨の方針を明確にし、労働者に周知・啓発することを義務づけるものである。また、ハラスメントの相談を理由とする不利益取扱の禁止も定められている（三浦・内藤2023）。

2019年にはILO（国際労働機関）「仕事の世界における暴力とハラスメント」に関する条約（第190号）が採択された。日本は政府・労働組合は賛成したもの

の、経営者は棄権に回った。日本がこれを批准するには国内法の整備が求められ、具体的にはハラスメント行為を法的に禁止し、必要な場合の制裁を設け、また対象も狭く労働者に限るのではなく、フリーランス、就活生・求職者、ボランティア等も含める必要がある。さらにはDV被害者に対して就業継続の観点から保護を与える規定も必要になってくる。

ILO 190号条約と比較して日本のハラスメント規制が弱い点は、定義にも表れている。ILO 190号条約では、第1条にて「仕事の世界における『暴力とハラスメント』とは、単発的か反復的なものであるかを問わず、身体的、精神的、性的または経済的害悪を与えることを目的とした、またはそのような結果を招くもしくはその可能性のある一定の許容できない行為および慣行またはその脅威をいい、ジェンダーに基づく暴力とハラスメントを含む」と定める。さらに、「ジェンダーに基づく暴力とハラスメント」とは、「性またはジェンダーを理由として、直接個人に対して行われる、または特定の性もしくはジェンダーに不均衡な影響を及ぼす暴力およびハラスメントをいい、セクシュアル・ハラスメントを含む」と規定する。ハラスメントの影響が身体的、精神的、性的または経済的害悪であることが明確に示され、セクハラの背景にジェンダーが影響することを認める条文となっている。

他方、労働施策総合推進法で定義されるパワハラは「職場において行われる優越的な関係を背景とした言動であって、業務上必要かつ相当な範囲を超えたものによりその雇用する労働者の就業環境が害される」こととされる。セクハラについては、男女雇用機会均等法では「職場において行われる性的な言動に対するその雇用する労働者の対応により当該労働者がその労働条件につき不利益を受け、または当該性的な言動により当該労働者の就業環境が害されること」とされる。厚生労働省のパンフレット「職場におけるハラスメント対策マニュアル」ではさらに踏み込み、「『職場』において行われる、『労働者』の意に反する『性的な言動』に対する労働者の対応によりその労働者が労働条件について不利益を受けたり、『性的な言動』により就業環境が害されること」と定めている[8]。日本では法的にはセクハラは性的な言動に限定され、固定的な性別役割意識に基づく偏見に満ちた発言はジェンダーハラスメントとして区別される。厚労省のパンフレットでは、ジェンダーハラスメントはセクハラの背景になり得るから配慮すべきであると啓発をする。つまり、法的に定義されるセクハラは極めて狭く、事業主が防

止する義務にジェンダーハラスメントは含まれない。しかし、一般的に使われるセクハラの意味が極めて広いのも日本の特徴である（Muta 2008）。ジェンダーハラスメント（性差別発言）もセクハラと呼ばれることがある一方で、レイプなどの性犯罪もまたセクハラと呼ばれたりする。法的な定義と一般社会での語法が著しく乖離しているのである。社会においてセクハラの定義が極めて広くかつ曖昧なことで、女性にとってはセクハラを指摘することの心理的ハードルを下げる効果を持っているといわれるが、他方で諸外国にあるような制裁を伴う法規制を制定することを難しくしているようにも思われる。

　ハラスメントの解決は、事業主が迅速かつ正確に事実関係を確認し、被害者に対する配慮の措置と行為者に対する適正な措置を行うことが指針として明示されている。しかし実態としては迅速かつ適切な対応がなされるとは限らず、労働者は労働局に相談することもある。2021年には労働局に7,070件のセクハラに関する相談が寄せられ、うち2,032件の措置義務違反の是正指導が民間事業者に対して出された[9]。こうした指導にも勧告にも従わなかった場合には、企業名公開という制裁があるが、実際にはそこに至ったケースはこれまで1件もない。また、労働者と事業主のハラスメントに関する紛争の解決制度としては、労働局長による紛争解決の援助と調停委員による調停の制度があるが、実際の利用は多くない（内藤 2018）。

(2)　政治エコシステムでの防止体制

　地方公共団体については、職場のハラスメント防止を規定する3つの法律に基づき、人事院規則に準拠してハラスメント防止の雇用管理上の措置を講じなくてはならない。議員から職員がハラスメントを受けた場合も救済対象である[10]。取組状況を見ると、厚生労働省が定めた指針に沿った措置を履行している割合は、2021年6月1日現在で、都道府県や指定都市は100％であるが、市区町村ですべて履行しているのはパワハラで66.7％、セクハラで70.7％、妊娠、出産、育児または介護に関するハラスメントで42.9％と低調である[11]。また、地方公務員が第三者による紛争解決を望む場合は人事委員会・公平委員会への苦情相談が可能であるが、その周知も市区町村議会では46.1％でしかない。

　議会もまたそこで働く人がいる以上、「仕事の場」である。議場における議論だけが議会を意味するのではなく、国会職員・議会事務局職員、衛視・警備、建物・施設の管理・保全・清掃など、様々な労働によって議会活動が支えられてい

る。議員・首長になるには選挙を経なければならないが、選挙活動は労務者やボランティアにとっては有償あるいは無償の仕事の場である。広く議会活動に携わる人々の労働環境がハラスメントのない安全なものなのかを点検するには、議会を仕事の場として捉える視点が不可欠である。議員と公務員が日常的に交流し、また幹部職員・政治家と記者が日常的に接する日本の政治実態において、組織を超えてハラスメントが生じており、組織外からのハラスメントをどのように防ぐのかという論点が重要になってくる。何よりも、事業主を持たない議員・首長が行為者となった場合の規定をどのように定めるのかが重要な課題である。

4　イギリス議会の苦情処理手続き

イギリス議会では議会関係者のハラスメントが立て続けに報道されたことを契機に、アンドレア・レッドソン院内総務（保守党）のリーダーシップの下で2018年に独立苦情処理手続き（Independent Complaints and Grievance Scheme, ICGS）を定めた。ICGSは包括的な手続き、実施体制、実態調査の観点から優れたモデルを提示する。現在11人で構成するICGSが以下で説明する一連の手続きを監督、運用する。手続きは庶民院・貴族院を対象とするが、両院で若干の規定の違いあるため、以下では庶民院の規定を見ていく[12]。

(1)　行動規範と指針

ICGSは議会が定めた行動規範（behavior code）、いじめ・ハラスメントおよびセクハラに関する指針（policy）を軸として、相談、調停、処分、研修を含む一連の防止体制から成る。核となるものが行動規範であり、それは表1のようにシンプルであるが、明確なものが定められている。

表1　イギリス議会の行動規範

● 誰もを**尊重**し価値を認める――いじめ、ハラスメント、不適切な性的言動は許されない
● 自分の持つ権力、影響力、権威を**認識**し、濫用をしてはいけない
● 自分の行動が他者にどのような影響を与えるかを**考え**、彼ら・彼女らの物の見方を理解するよう努める
● 他者に対して職業人として**振る舞う**
● 議会は誠意、礼儀、相互尊重に関して最も高い倫理基準を満たすべきで

　あることを**保障する**
● 　許容できない言動を見かけたならばどのようなものでも**声を上げる**

　6項目からなる行動規範は名刺サイズのカードとしても配られており、常に参照すべき規範として機能するよう配慮されている。そして、許容できない言動に対しては独立機関により厳粛な対応がなされ、効果的な制裁が伴うことも記載されている（行動規範は懲罰の際の根拠ともなる議会が定めた倫理規範とは別個のものである）。

　この行動規範をさらに詳しく規定するのがいじめ・ハラスメントおよび不適切な性的言動に関する指針である。いじめ・ハラスメントで19頁、不適切な性的言動で18頁に及ぶ詳細なものである。日本のハラスメント定義がしばしば曖昧であるので、ここで指針の定義をそれぞれ見ておこう。

いじめ：いじめとは攻撃的、威嚇的、悪意のある、または侮辱的な言動であり、権力の行使あるいは濫用によって引き起こされ、それは人を弱体化し、怒らせ、傷つけ、屈辱を与え、貶め、あるいは脅かすものである。権力とは必ずしも権威的な立場に由来するわけではなく、個人的な強さや恐怖や威嚇によって強要する力を得るものもある。

ハラスメント：ハラスメントとは望まない言動であり、相手の尊厳を侵害する目的または効果を持ち、威圧的、有害な、下劣、屈辱的、あるいは攻撃的な環境を作り出すものである。

不適切な性的言動：不適切な性的言動とは性的加害、セクハラ、付きまとい、覗き見、また同意のない性的性質を持つ言動、あるいは脅迫する、威圧する、弱らせる、屈辱を与える、または強要する目的あるいは効果を持ついかなる性的言動をも含む広範な言動である。

　このように詳細な定義となっているが、それはこれらの指針の法的基盤として2010年平等法があり、そこですでに同様の定義が与えられていることがある。日本では「苦痛」という一言で表現されるが、苦痛の中身を屈辱、侮辱、貶め、弱体化などの言葉で補うことで、どのような害悪であるかの社会的認識を高める効果があると思われる。また、この指針でも、あるいはILO 190号条約でもそうであるが、様々な害悪を生じさせることを「目的」または「効果」を持つとしていることにも注目すべきである。行為者に悪意はなかったとしても、そのような害

悪を結果として生じさせてしまったのならば、責任が生じるからである。この点も日本でのハラスメント理解の促進に欠かせない点であろう。

(2) 相談フロー

　行動規範やいじめ・ハラスメントおよびセクハラ指針に照らし、不適切な行為があったと思われるとき、申立人はヘルプラインに相談することができる。電話、メール、ショートメールで連絡ができ、開設時間は平日9時－18時である。ヘルプラインは申立人の相談を聞き、被害者への支援と助言を与える役割を担う。外部の専門団体が業務を受託している。相談員はICGSの解決フローを説明し、インフォーマルな調停で解決することもできるし、独立した調査官に調査をしてもらうこともできることを伝える。この段階では匿名で相談が可能であり、正式な申し立てを行うときに初めて名前を明かすことになる。

　イギリスの相談窓口体制の特徴は、いじめ・ハラスメントと不適切な性的言動を別個の窓口として設けている点である。後者には性暴力の専門家を配置している。このような体制が整えられたのは、制度設計の段階から性暴力の専門家が入って議論したことが大きいように思われる。しばしば性被害者が経験する二次被害を防ぐためにも重要な設計である。

　正式な申し立てを行う場合には、ICGSが当該の問題を扱うに相応しい独立調査官（investigator）を任命する。独立調査官が申立人に接触し初期査定を行った上で、正式な調査手続きに入るかが決まる。調査では証拠、証人が求められ、この時点で独立調査官は被申立人に接触する。調査結果報告書は申立人・被申立人の双方が確認をした上で作成される。ハラスメントを認定する際には、蓋然性の均衡（balance of probabilities）が重視され、なかったことよりもあったことの方の蓋然性が高いという基準で判断を下す。なお、申立人は調査報告書が最終的に作成されるまで、いつでもインフォーマルな調停による解決を要求することが可能である。

　最終報告書は申立人および責任機関に送られる。「責任機関」（Decision-Making Body）という概念はICGSを機能させる上で重要なものである。議会では様々な関係性でハラスメントが発生しており、それに応じて誰が責任を負うのかが異なる。さらには議員には雇用主がいないため、議員への処分をどのような手続きで行うかを別途定めなくてはならない。したがって、ICGSのガイドブックでは誰から誰への申し立てなのかによって相談フローを分けて解説しており、また被申

当人がどのような職なのかによってどこが責任機関なのかを明示している。例えば、被申立人が行政機関に所属するのであればその機関の人事局であり、議員秘書であれば議員となる。処分は調査報告書に基づきそれぞれの責任機関が下す。

　議員が申し立てられた場合は、議会倫理規範コミッショナー（Parliamentary Commissioner for Standards）が責任機関となる。庶民院では倫理規範（code of conduct）が定められており、ここで規定される行為規則（rules of conduct）に反した場合は懲罰の対象となり、それを采配する任務が議会倫理規範コミッショナーである。日本の懲罰委員会に近い任務といえるが、議会倫理規範コミッショナーは5年の任期で民間から任命されるため、党派対立からは距離を置き独立性が高い。ICGSの枠組みにおいても議会倫理規範コミッショナーは重要な役割を果たす。議員が被申立人となる場合、独立調査官の初期査定は議会倫理規範コミッショナーにも送られ、議会倫理規範コミッショナーが正式な調査に入るかどうかを決め、一連の手続きを監督する。調査を行うのは独立調査官であり、調査報告書に記載される事実関係については申立人・被申立人が確認をする。議会倫理規範コミッショナーは調査報告書に基づき措置・処分を決定する。謝罪、ハラスメント研修の受講、施設利用の一時停止といった議会活動に影響のない措置は議会倫理規範コミッショナーの裁量で決められる。他方、議会出席停止や除名といった議員がその職責を果たせなくなる処分については、独立専門家パネル（Independent Expert Panel, IEP）が決定する。議会倫理規範コミッショナーの決定に不服な場合も申立人・被申立人はそれぞれIEPに申し立てができる。

　政治分野のハラスメントは容易に政争の具となりやすい。ハラスメントを糾弾された議員は徹底して抵抗することも考えられる。したがって、IEPの設立はICGSの肝といえるものである。IEPには法務や調停などの経験を持つ8人の専門家が任命され、案件はそのうち3人が構成する小委員会で決定する。IEPの決定に不服申し立ても可能で、その場合はまた別の小委員会が決定を行う。つまり二回審査制になっているといえよう。IEPは再調査を行うものではなく、あくまで調査結果に基づく議会倫理規範コミッショナーの処分決定の適切性を判断するものである。判断にあたっては、どのような要素を考慮するかについての基準が詳細に定められている。

　IEPはICGSの設立当初から設けられたのではなく、ローラ・コックスによる庶民院いじめ・ハラスメント報告書において設置が提言されたことを受け、2020年

に設けられた。イギリスの制度構築の特筆すべき点は独立報告書が幾つも出され、そこでの提言に基づき制度の改良が試みられている点である。機能しない制度を作っても意味がないため、実態調査を行い、手直しを重ねているのである。

　IEPの目的は議員、職員、秘書などの議会関係者の文化と行動を改善することに置かれ、裁判のように敵対的な係争の決着を図るものではなく、あくまで議会コミュニティという職場の苦情処理手続きによって解決を図るものと位置づけられている。IEPは処分内容を建議するが、正式な決定を下すのは庶民院である。もっとも、IEPの判断は審議なしでそのまま可決するものとされている。このような処分を下すIEPへの信頼醸成も欠かせないため、8人の専門家の名前、経歴、謝金もすべて公開されている。

(3)　相談件数

　ICGSの第4次報告書（2022年）によれば、2021年7月－2022年6月にヘルプラインへの相談は327人からのべ701件あり、うち59件の事案がICGSに持ち込まれ、29件が報告書の年次において終結している（ICGS　2022：6）。うち21件で調査が終了し、48％の事案でハラスメントが認定され、52％の事案で棄却された[13]。2件は調査が終了したが、議事運営委員会の決定を待っており、6件はインフォーマルな調停で解決をみている（過去にない高い数値だという）。初期査定にまで進んだ44件のうち独立調査官が正式な調査を進言したものは13件しかない（前年は42件中38件である）。1件の事案解決には平均216日かかっている。国会議員が行為者となった場合の事案の方がそれ以外よりも解決に長い日数を要している。なお、国会議員のセクハラ事案は2018年7月にICGSが開設されてから2022年6月までに14件上がっている（ICGS 2022：8）。

　ICGSは入口段階から不適切な性的言動とそれ以外を分けているので、各段階の内訳も公開をしている。ヘルプラインからICGSに送られた事案のうち2020～2021年は91％がいじめ・ハラスメント、9％が性的言動に関するもので、2021～2022年はそれぞれ83％、17％である。いじめ・ハラスメントが圧倒的に多いことがわかる。2021－2022年に終結した21件のうち、5件が性的言動に関するもので、うち3件で認定、16件のいじめ・ハラスメントでは8件が認定されている（ICGS　2022：25－28）。

　申立人は圧倒的に庶民院の職員または国会議員の秘書で占められており、国会議員による申し立ては4年間の合計で7人である。他方、申し立てられる側は庶

民院職員と国会議員が多い。庶民院職員から庶民院職員へのハラスメント事案が最も多く（４年間合計75件）、次に多いのが国会議員から議員秘書へのハラスメント（合計43件）、国会議員から元議員秘書へのハラスメント（合計14件）である。国会議員間の事案は合計４件である（ICGS 2022：29−30）。

　国会議員が関わる事案はIEPが扱い、個別の事案ごとに詳細な報告書が作成・公開されている。すべてにおいて行為者の議員の名前は公表されており、被害者については実名が公表される場合と個人が特定できない表現のものとがある。2021年のIEP年次報告書によると、IEPが関与したケースは７件あり、６件において報告書を作成している（IEP 2021）。うち処分が下ったのは不適切な性的言動が３件、いじめ・ハラスメントが２件である。処分内容は、２人の元職については通行証の返却、現職については６週間の出席停止、庶民院での謝罪となっており、もう一人は処分前に辞任した。ホームページには2022年の個別の報告書も掲載されており、３件の不適切な性的言動、２件のいじめ・ハラスメントが報告されており、うち不適切な性的言動の１件は棄却された。処分は４週間の出席停止、２件の２日間の出席停止、元職については議会出入り禁止と通行証の返却となっている。過去２年間を通じて処分が下った案件はすべて男性議員が行為者であった（女性議員が男性職員から不適切な性的言動で訴えられたケースもあったが棄却された）。なかには議員事務所内でのセクハラ事案や、議会事務局職員への暴言も含まれている。

　なお、議会での議事録に記録される発言や文書は国会議員の免責特権として保護されているため、ICGS／IEPの対象とはならない。

(4) ハラスメント防止研修

　安心できる職場環境の形成にはハラスメント防止研修が重要な役割を果たす。イギリス議会でも議会文化を変えていくための鍵と位置づけている。庶民院議員の参加は任意であるが、両院の議会事務局の職員および貴族院議員は全員の受講が義務づけられている。2022年８月時点での参加率は庶民院職員で95％、庶民院議員で92％、貴族院議員で97％、庶民院議員の秘書は25％、貴族院議員の秘書は３％となっている（ICGS 2022：17）。任意であるにもかかわらず、庶民院議員の参加率の高さは目を引く。他方で、秘書の受講割合が低いことがわかる。

　研修のポイントがどこに置かれているかといえば、いじめ・ハラスメント・不適切な性的言動の影響と帰結についての認識を向上させ、どのような要因によっ

て引き起こされるかを理解させること、いじめ・ハラスメント・不適切な性的言動を止めさせるためにそれが最初に起きた時にどのような行動を取るべきかを理解させること、それぞれが安心できポジティブな労働環境を作るためにそれぞれが責任を担っていることを強調することとなっている。対面で14人以内の少人数セミナーとして実施し（コロナ禍中はオンラインでも実施）、コンサルタント会社が受託して提供している。対面受講者の100％が受講を他の人にも勧めるとしており、高い評価を得ていることがわかる（ICGS 2022：17−18）。

5　地方議会におけるハラスメント根絶条例の課題

　イギリスにおいて包括的なICGSが設立されたのは、すでに性平等法があり民間事業者におけるハラスメント解決事例の蓄積があることや、労働組合もいじめ・ハラスメントに関する調停や紛争解決に携わり、社会全体で一定の知見と経験を持つ人材の層が厚いことも大きいように思われる。日本においては前述のようにハラスメント禁止法さえ存在しないという特異な状況のなか、どのような防止体制であれば機能するのだろうか。

　地方自治研究機構の調べでは、2022年12月時点で22の地方自治体に議員・職員のハラスメントを防止する単独条例がある[14]。前述の東京都狛江市（2018年）、埼玉県川越市（2019年）を皮切りに、2020年以降に茨城県牛久市、大阪府忠岡町、青森県七戸町、埼玉県東松山市、青森県三戸町、青森県五戸町、東京都世田谷区、福岡県中間市、大阪府池田市、宮崎県三股町、北海道愛別町、徳島県吉野川市、三重県四日市市、福岡県、鹿児島県曽於市、宮崎県えびの市、北海道恵庭市、熊本県山都町、熊本県あさぎり町、神奈川県大和市が続いた。今後も条例制定が相次ぐと思われるが、これらの22の事例をもとに地方議会での課題を見ていこう。

(1)　対象者

　ハラスメント防止の内容に入る前に、対象者をどの範囲で定めているのかに関して確認しよう。行為者と被害者に誰が含まれるのかをパターン分けすると6つにのぼり、⑴首長・職員・議員を行為者とするものが5団体、⑵首長・議員を行為者とするもの1団体、⑶議員を行為者とするもの12団体、⑷首長・職員を行為者とするものが2団体、⑸一般職職員を行為者とするもの1団体、⑹議員・候補者を行為者・被害者とするものが1団体である。最後のものが福岡県条例であ

り、これ以外は被害者として職員を想定する（議員行為者を含まない5番目の類型は政治分野のハラスメント防止としては例外的である）。福岡県条例は根拠法として候補者男女均等法に基づく初のハラスメント根絶条例であり、したがって被害者としての（女性）議員に着目するものである。行為者としての議員に対してハラスメント防止の責務を課すが、相談窓口に被害を申し立てることができるのは県議会議員・市町村議会議員または県議会議員になろうとする者としており、職員は含まれない。他方、包括的な規定を置くのはあさぎり町と大和市である。首長、議員、職員がそれぞれ行為者・被害者として対象となる。様々な関係性においてハラスメントが発生することを踏まえれば、対象者を広く捉えた上で、行為者が首長、議員、職員とでは責任者が異なることを前提とした制度設計が望ましい。職員被害者については前述のようにすでに法的基盤は存在するが、議員が行為者となった場合の処罰規定は議会として定めなければならない。もっとも、首長については有権者からの反応に応じた自主的な措置（謝罪や報酬の一部返納など）に頼らざるを得ない。

　えびの市の場合は被害者としての市長等（市長その他の執行機関およびその補助職員）を含めており、「特に市長等に対するハラスメントは顕在化しにくい上に、不当に市長等の尊厳を傷つけ、最悪の場合、回復不能な精神的、肉体的な被害をもたらし、ひいては人材の喪失、行政の停滞を招くことになり、業務への支障につながり、市民サービスが低下し、市民のみならず社会からの信用及び信頼を失うこととなる。更には議員への市民の信頼を裏切ることになりかねない」とし、議員からの政治的追求を念頭に置いていることが想定される文言を置く。ハラスメントの申し立てが常に政治化しかねない政治領域の特性に鑑みて、この条文がどのように運用されるのかに注目する必要があるだろう。

(2) 行動規範とハラスメントの定義

　ハラスメントを許さない政治文化を醸成するには、行動規範とハラスメントの定義が重要になってくる。例えば、福岡県条例は県議会議員等の責務を第三条で定め、議員および候補者は、「公職に参画し、又は参画しようとする者として高い倫理観が求められること及びハラスメントが個人の尊厳を不当に傷つけ、人格権その他の基本的人権を侵害する行為であることを自覚し、政治活動等における自らの言動を厳しく律しなければならない」と規定する。これは踏み込んだ表現となっている点で評価できるものである。

地方議会における初のハラスメント根絶条例である狛江市条例の場合、第一条の目的において個人の尊厳が尊重されることが掲げられ、第二条の定義において、ハラスメントが人権を侵害するものであるとは位置づけられている。しかし、第三条の市長・議員の責務では、「ハラスメントの防止及び排除ならびに被害者への配慮に努める」とされるだけであり、加害者とならないために強く自覚を促す文言とはなっていない。福岡県条例以降のハラスメント条例では福岡県と同様の規定を置く自治体も出ている。政治倫理条例のなかにハラスメント防止を組み込む国立市のような方法もあるが、金銭授受や請負契約等に関する行動規範と人権侵害であるハラスメントに関するそれとでは問題の性質が異なることから、ハラスメント防止は単独条例として策定し、人権侵害であることと、就業環境や政治参画の阻害要因であることを明記することが有効であるように思われる。

　イギリスの例から学ぶ点があるとすると、ハラスメントが権力の行使・濫用にあたること、自らの持つ権力性に自覚的であるべき点を明記することがあるだろう。えびの市は「議員の地位による影響力を不正に利用したハラスメント行為は断じて許されるものではない」とし、ハラスメントは「極めて悪辣な行為」と強い言葉で規定する。自らの特権に自覚的とすべき規範は、研修内容にも反映されるべきである。また、議員等の地位に規定された権力性のみならず、社会的差別への配慮も必要だが、条例においてそれに言及するものはまだない。

　ハラスメントを明確に定義することも重要である。国の法律で規定されているのが、セクハラ、マタハラ、パワハラであることから、これら3つに言及することが一般的であるが、それ以外にも恵庭市条例はSOGIハラスメントやモラルハラスメントを含めている。前者については「性的指向や性自認に関して、差別的な言動や嘲笑、いじめや暴力等の精神的又は肉体的な嫌がらせを行う行為をいう」と定義を与えているが、後者にはない。あさぎり町条例はジェンダー・ハラスメントとモラル・ハラスメントを明記し、それぞれ定義を付けている。またセクハラについては「性的な事実関係を尋ねるもの」「必要なく他人の身体に触れるもの」など6つの詳細な定義を明示する点で優れている。福岡県条例では、3つのハラスメントに加えて、誹謗中傷、事実に反する風説の流布その他の嫌がらせとなる言動を取り上げ、思想の自由や表現の自由等に配慮しても、なお、一般に許される限度を超え、「身体的若しくは精神的な苦痛を与え、又は相手方の政

治活動等の環境を害するもの」と定義する。福岡県条例は議員を被害者として想定する条例であるため、このような類型が置かれているものと思われる。

(3) 相談体制

イギリスの相談体制では、相談、調査、措置・処分の3つをそれぞれ異なる責任者に担わせる体制を整えている。さらに、議員が行為者の場合は、議会倫理規範コミッショナーとIEPが関与し、最終的な決定を政治的介入を排除したIEPが行う。役割分担が明確で、重層的な体制となっている。イギリスの手続きは国政のものであり、地方議会は対象となっていない。これだけの仕組みを地方議会がそれぞれ整えることは難しく、まずは国会が模範を示すべきであろう。地方議会については、福岡県がそうしているように、県の相談窓口を県内の市町村議員も利用できる仕組みを構築することが現実的だと思われる。

重要な点は、イギリス議会にならい、相談、調査、措置・処分の3機能を明確に区別し、さらにインフォーマルな調停を正式に位置づけることである。狛江市は機能区分が明確であるが、福岡県はあえて同一主体に担わせている。この点が論点となっているので、もう少し詳しく福岡県の相談フローを見てみよう[15]。

相談体制の要は議長から委嘱される「相談員」で、弁護士やハラスメント事案の経験を有する専門家数名から構成され、議会事務局職員から指定された者が補助業務に就く。相談員が窓口となり、申立人からのハラスメントに関わる相談にのる。さらに相談員は事実確認のために、被申立人やその他の関係者からの聞き取りなどの調査を行う。調査の結果、被害防止措置が必要と相談員が認め、かつ申立人が求めるときは、その旨を相談員が議長に報告する。議長は、その報告を受け、県議会による対応が必要であると認め、かつ可能な範囲において、被申立人に対し「注意を喚起し、ハラスメントをしないよう求め、又は勧告する等の被害防止措置」を講じる。この場合に、「議長は、あらかじめ代表者会議の議を経なければならない」と規定されている。

相談、調査、措置に関する提案をすべて相談員が引き受ける体制となっている。この点はパブリック・コメントでも多くの批判が寄せられ、相談と調査は分離すべきだとの意見が出ていたが、議会側は一体として運用することに意義を見出す回答を行っている。例えば、相談と調査は異なるという相談業務に携わる人からの意見に対して（No. 8②）、「本条例が創設する議会関係のハラスメントの相談体制では、ハラスメントの当事者の関係性が民間企業等の事案とは全く異な

り、相談の目的にも違いがあると思われます。例えば、本県の性暴力根絶条例に基づく被害者の相談窓口では被害に関する『事実確認』は行わず、被害者の心身の回復支援に徹していますが、このような制度とは異なり、本条例が設置する相談窓口では、申立人と被申立人が新たな関係性の中でそれぞれ政治活動等を継続していくことが主目的であり、そのために申立人及び議会がどう対応すべきかに関する助言が求められます。したがって、相談員が正確な事実を把握することは必要不可欠です」と述べる。さらに、同趣旨の別のコメント（弁護士、No.52④）に対しては、「相談員が、申立人に寄り添い、話を聞いて支援策に関する本人の意向を確認することは、条例が予定する相談業務の基本となります。一方で、アウトプットとしての助言が県議会としての『対応（第6条）』を適切かつ有効なものとするためには、『正確な事実』に基づくことが不可欠です。つまり『相談』と『調査』は不可分です」と回答している。

　相談と調査は異なる機能であり、求められる専門性も違う。福岡県の相談員は調査を担うことから、相談よりも調査に重きを置く制度設計といえるだろう。調査を主務とする相談体制に敷居の高さを感じる議員は相談しにくいかもしれない。調査までは求めない被害者への適切な助言や支援体制をどのように構築するかが課題となる。イギリスでも相談件数と調査件数では1桁の開きがある。狛江市は相談窓口を人事部と外部委託団体の2か所に置いている。地方議会としても、県単位で外部の専門団体に委嘱することは検討に値するだろう。そして、そこにジェンダーや性暴力の専門家を配置することも不可欠である。

　また、インフォーマルな調停によって解決する道筋を正式に位置づけることも重要であろう。申立人は相談員を介した仲裁を選ぶこともできるし、事実確認の調査を通じてハラスメントを公的に認めてもらい、さらには行為者への処分を求めることもできる。複数の解決方法が明示され、申立人が自身の最善の利益に沿って選択できる支援体制を構築するには、機能に応じて異なる専門家が任命される仕組みの方が優れているように思われる。

(4)　懲罰

　議員のハラスメント行為が事実認定された場合、議会としてはどのように処分を下すことができるのだろうか。イギリスでIEPが設置されたのも、議会が議員に対して厳粛に懲罰を下すだけの自浄能力が疑われたことがある。実際にIEPの報告書を見ても、重い処分の場合には現職議員は不服を申し立てており、一旦ハ

ラスメントの有無と処罰の重さが争われる事態となった場合、議会として結論を出すことは極めて困難であることが窺える。他方で、議会以外の第三者機関が民主的に選出された議員の身分に関わる決定を下すことは民主主義に反するものであり、第三者機関の意見を最大限尊重するにせよ、議会は議会としてどのような基準に則って懲罰を下すのかを決めなくてはならない。

福岡県議会の条例では、相談員が被害防止措置の必要性を認めたときには、その旨が議長に報告され、議長は代表者会議の意見を聞き処分案を発表するものとなっている。処分としては注意喚起、ハラスメント中止の申し入れ、勧告とあり、勧告に応じないときは公表もあり得るとしている。パブリック・コメントでは代表者会議の意見を聞く仕組みについても多くの批判が寄せられた。代表者会議は会派の代表によって構成されるもので、少数会派や会派に所属しない議員にとっては、代表者会議が公平な判断ができるのかという不信感が強いものと思われる。県議会の回答は、「議長単独ではなく、県議会として認識を共有し、対応に取り組むため」としており、議員の発言権は「同一・公平」で、「加害者の立場に片寄り、擁護する判断を行うことはない」と述べる。

どのような手続きを設けるかは懲罰の重さにも関係する。地方自治法で規定する懲罰は、公開の議場における戒告、公開の議場における陳謝、一定期間の出席停止、除名である。このほか、法的基盤はないものの、問責決議や辞職勧告といった懲罰的な対応は地方議会ではよく用いられている[16]。福岡県条例で規定される措置は本人に対する勧告止まりである。これであれば、非公式な調停の枠組みのなかで対処してもよさそうな措置である。他方、重い処分を課すのであれば、政治介入の排除の仕組みをもっと徹底して作らなければ機能しないと思われる。例えば、地方自治法の懲罰事案としてハラスメントを含めた上で、独立した調査に関する手続きを定めることを検討すべきではないだろうか。その際には議員としての職責を勘案し、議会での発言や表決権に影響を及ぼす出席停止・除名については慎重な制度設計とし、それ以外の措置とは手続きを区別することは、議会制民主主義の趣旨に適うものと思われる。

おわりに

議会が女性やマイノリティを含むあらゆる人にとって働きやすい場になるためには、ハラスメントを根絶するという方針を明確に立て、許容されない言動に

ついて共有を図り、お互いを尊重する文化風土を形成することが欠かせない。多様な属性を持つ人が、その立場に関わらず安心して働くことのできる政治エコシステムの構築を目指す必要がある。こうした文化を醸成するには、ジェンダーに基づく暴力に関する啓発を含む研修を定期的に実施するとともに、不適切な事案が発生した際には被害者を救済し、行為の程度に応じた措置・処分を決定する手続きを整えることが必要である。職場における苦情処理は、その後も一緒に働き続けることを前提とした職場の解決制度であり、裁判のように敵対関係に入るものではない。被害者が救済され、再発防止に資することを目的とするものである。日本社会でも行政機関や民間企業、大学等ですでに仕組みが導入され、運用の改善も進んでいるところだが、政治エコシステムにおいて構築するには選挙で民主的に選出された議員・首長が行為者となった場合の規定をどのように設けるのかが重要な論点となる。そこで本稿ではイギリス議会の苦情処理手続きを概観し、日本の地方議会の先行事例を取り上げつつ、今後の課題を提示した。とりわけ、相談、調査、措置・処分の３つの機能を分化させて、それぞれ専門家に担わせるべきこと、インフォーマルな調停を正式に位置づける必要性があることを指摘した。処分については、地方自治法の改正を含めたより本格的な検討が求められる。

政治エコシステム自体が日本社会の一部分を成しており、国全体のハラスメント規制や性暴力根絶への取り組み状況の影響を受ける。日本ではハラスメント行為が禁止されていないという特異な環境にあるため、政治分野のハラスメントを根絶することには一層の困難を伴う。Dalton（2021）が指摘するように、性暴力を裁く現行制度が被害者の救済には不十分なため、「沈黙の文化」が強固に形成されている。本稿では検討を行わなかったが、オンライン上のハラスメントも深刻である。ここでの主たる行為者は有権者であり、女性議員やフェミニストが攻撃対象となっている。プロバイダーの責任を含めた法制度の整備を早急に整える必要があるだろう。

候補者男女均等法の改正は地方議会のハラスメント条例制定を後押しするもので、今後も様々な条例が策定されていくものと思われる。それ自体は歓迎すべきものであるが、機能しない窓口が増えただけでは問題は解決しない。本稿で述べた点に留意しつつ、被害者を議員・候補者に限定するのではなく包括的なアプローチをとるべきである。この観点からは、列国議会同盟（IPU）が提唱する

「ジェンダーに配慮した議会」を日本でも真剣に検討し実現することが求められよう（三浦 2023b）。なによりも、ハラスメント根絶は人権の擁護と民主主義の発展のために不可欠のテーマであることを認識することが必要である。

【注】

1　調査結果は新婦人の会ホームページにて公表（https://www.shinfujin.gr.jp/3010/）。

2　議会のいじめ調査プロジェクト・チームの座長を筆者が務め、大倉沙江、江藤俊昭が研究者として加わった。84名の女性地方議員（元職を含む）から回答を得て、同年10〜12月には24人の現職女性地方議員のヒアリング調査を実施した。詳細は全国フェミニスト議員連盟（2022）を参照のこと。

3　アンケート調査の詳しい結果と分析については大倉（2022）、三浦・大倉・江藤（2022）を参照のこと。

4　東京新聞　2021年1月13日（https://www.tokyo-np.co.jp/article/154076）。

5　Dalton（2021）の調査が明らかにするように、議員という立場に立つがゆえにハラスメントにあったことをかえって表明しにくいという意見に配慮し、あらゆる立場の人にとって安心して利用できる相談体制が必要である。

6　World Bank,"Women, Business, and Law"（https://wbl.worldbank.org/en/wbl）。

7　議員報酬を返納することは公職選挙法が禁止する寄付行為に該当することから、これを可能にするには報酬条例の改正などが必要となる。

8　厚生労働省（2017）「職場におけるハラスメント対策マニュアル」（https://www.mhlw.go.jp/file/06-Seisakujouhou-11900000-Koyoukintoujidoukateikyoku/0000181888.pdf）。「性的な言動」とは性的な関係を尋ねるものから強姦といった性犯罪も含むものとして説明されている。

9　厚生労働省「令和3年度都道府県労働局雇用環境・均等部（室）での男女雇用機会均等法、労働施策総合推進法、パートタイム・有期雇用労働法及び育児・介護休業法に関する相談、是正指導、紛争解決の援助の状況について」（https://www.mhlw.go.jp/content/11900000/000958829.pdf）。

10　国家公務員については人事院規則においてハラスメント防止の規定が置かれ、運用規則において職員以外の者からの行為も対象となっていることが定められている。つまり、議員から職員へのハラスメントを職員が申し立てた場合、救済の対象にはなるが、行為者の処分は行えない。なお、人事院に置かれた相談窓口は一般職員のための

ものであり、国会職員は特別職の国家公務員であるため対象外となっている。地方公務員については人事院規則に準拠した措置が講じられる。

11　総務省「地方公共団体における各種ハラスメント対策の取組状況について」（2022年1月31日）（https://www.soumu.go.jp/main_content/000791214.pdf）。

12　ICGSについては内閣府男女局委託事業「令和4年度諸外国における議員等に対するハラスメントの防止・解決に係る制度・取組等に関する調査研究事業」に筆者が有識者として協力した際に参加した関係者インタビュー（Josephine Willows, Neil Grogan, Sarah Childs, Helen Mott, 実施期間：2023年1月16日～25日）も参考にした。ただし、本稿における内容は誤りも含め筆者の責任である。

13　2020～2021年は48件の終結事案のうちハラスメントが認定されたのは46%、2019～2020年は37件のうち32%、2018～2019年は18件のうち11%である（ICGS　2022：24）。

14　地方自治研究機構「ハラスメントに関する条例」（http://www.rilg.or.jp/htdocs/img/reiki/066_harassment.htm）（2023年1月25日最終閲覧）。

15　福岡県条例のより詳しい検討については三浦（2022）を参照のこと。

16　むしろ法的基盤のない問責決議や辞職勧告が少数派に対する牽制やいじめとして使われている事態について全国フェミニスト議員連盟（2022）を参照にされたい。

【引用文献】

大倉沙江（2022）「女性議員に対するいじめ・ハラスメント―女性地方議員に対するアンケート調査の結果から」全国フェミニスト議員連盟『女性議員を増やす・支える・拡げる―議会におけるいじめ・ハラスメント調査報告書―』（議会のいじめ調査プロジェクト・チーム編著）

国政情報センター編（2019）『議員・議会関係者のためのセクハラ防止マニュアル』国政情報センター

全国フェミニスト議員連盟（2022）『女性議員を増やす・支える・拡げる―議会におけるいじめ・ハラスメント調査報告書―』（議会のいじめ調査プロジェクト・チーム編著）

――（2015）『自治体議会における性差別体験アンケート報告集』

内閣府男女共同参画局（2021）『女性の政治参画への障壁等に関する調査研究報告書』

内藤忍（2018）「職場のハラスメントに関する法政策の実効性確保―労働局の利用者調

査からみた均等法のセクシュアルハラスメントの行政救済に関する―考察―」『季刊労働法』260号：42－52.

三浦まり（2023a）『さらば、男性政治』岩波新書

―（2023b）「ジェンダーに配慮した議会に向けたIPU自己点検の意義と日本の取り組み」『学術の動向』2月号：57－61.

―（2022）「政治分野におけるハラスメント防止体制をどう構築するか――条例を手がかりに」『ジェンダー法研究』9号：79－94.

三浦まり・大倉沙江・江藤俊昭（2022）「議会ハラスメントの現在：アンケート・ヒアリング調査の結果から」『地方議会人』59(2)：34－36.

吉永磨美（2022）「取材先との関係性　性被害の背景に　表現、職場環境　足元から見直しを」『ジャーナリズム』9月号：12－17.

Culhane, Leah. 2019. "Sexual Harassment in Parliament: Protecting MPs, Peers, Volunteers and staff." Fawcett Society.

（https://www.fawcettsociety.org.uk/Handlers/Download.ashx?IDMF=6 d 479 f 99-6 eff-48 c 1-a 28 e-0 b 4 bf 408 a 954）.

Dalton, Emma. 2021. *Sexual Harassment in Japanese Politics.* Palgrave Macmillan.

Independent Expert Panel (IEP), 2022. *Guidance for the parties on appeal, referrals and sanctions under ICGS,* Version 3, November 2022.

――2021. *Annual Report: 2021.*

Independent Complaints and Grievance Scheme (ICGS), 2022. *4ᵗʰ Annual Report, July 2021-June 2022."*

Inter-Parliamentary Union. 2016. "Sexism, harassment and violence against women parliamentarians." （https://www.ipu.org/resources/publications/issue-briefs/2016-10/sexism-harassment-and-violence-against-women-parliamentarians)

Krook, Mona Lena. 2020. *Violence Against Women in Politics.* Oxford University Press.

Muta, Kazue. 2008. "The making of sekuhara: Sexual harassment in Japanese culture," in *East Asian sexualities: Modernity, gender and new sexual cultures,* eds by Stevi Jackson, Jieyu Liu, and Juhyun Woo, 52-68. London: Zed Books.

Stanley, Alison. 2021. *Independent 18-Month Review.* 22 February 2021.

United Nations. 2018. "Violence against women in politics: Note by the Secretary-General (A/73/301)."

年報58号公募論文・研究ノート・書評論文・研究動向論文の決定経緯について

　年報58号の論文・研究ノート・書評論文・研究動向論文の公募は2022年9月15日に締め切られ、論文3本、研究ノート1本が提出されました。

　年報委員会は、各論文につき3名ずつ、それぞれの主題にふさわしいと判断される匿名査読者を選定し、審査を依頼しました。査読者に対しては、応募者が特定できないよう原稿に必要な措置を加えた上で、応募原稿の写しを送付しました。その際、「公募要領」に記載の審査基準に基づいて、年報委員会が作成した評価基準並びに評価区分を示し、審査がこれによって行われるよう、あわせて依頼しました。

　年報委員会内においても、「公募要領」4に記載の「二重投稿の禁止」に該当する事案がないか、つまり投稿された論文等が既発表の論文等と同一もしくは極めて類似していないかどうかを確認しました。

　その後、約4週間の査読期間を経て、同年11月に査読者全員の査読報告書が出揃いました。年報委員会では、「公募要領」に記載の掲載要件に基づき、査読報告書を踏まえて、論文2本と研究ノート1本については掲載不可と判定し、応募者に通知しました。もう1本の論文については、データ、分析結果及び議論の内容に関して既発表の論文及び講演録と大幅な重複が見られたことや、それら研究論文や講演録との関係、また投稿論文の独自性を説明していない点が確認されたことから、年報委員会内の議を経て、掲載不可と決定し、応募者に通知しております。以上が決定の経緯です。

　公募制度を安定的に運用するためには、会員による積極的な応募が欠かせませんが、それとともに、応募しやすい制度とするための方策を不断に検討していく必要があります。そこで、今号より、投稿者にも査読基準がより明瞭になるよう、「公募要領」に加えて「査読要領」も掲載することになりました（同年12月に開催された日本行政学会理事会において承認済み）。また、57号より運用されました、査読者間での査読結果及び内容の共有も続けてまいります。これまでご投稿いただいた会員各位、そしてご協力いただいております匿名の査読者の方々に、この場を借りて厚く御礼申し上げます。

以下の方々に2017年度から2021年度までに少なくとも1回以上査読をお引き受けいただいておりますことをご報告いたします。この中には、公表を希望しない査読者の氏名は含まれておりません。なお、2012年度から2016年度までについては、年報53号に掲載されております。

青木栄一、秋吉貴雄、荒見玲子、石垣千秋、礒崎初仁、稲生信男、入江容子、魚住弘久、宇野二朗、大杉覚、大野智彦、大藪俊志、梶原晶、川出摂、菊地端夫、喜多見富太郎、北村亘、木寺元、城戸英樹、金今善、久保慶明、黒木誉之、桑原英明、合田秀樹、小田切康彦、小西敦、佐川泰弘、坂本眞一、佐藤満、澤俊晴、篠原舟吾、嶋田暁文、清水直樹、菅原和行、砂原庸介、宗前清貞、曽我謙悟、高松淳也、田口一博、田中秀明、田中啓、玉井亮子、田丸大、外川伸一、中野雅至、中村悦大、南島和久、西尾隆、西岡晋、西出順郎、西村美香、野田遊、林嶺那、原田久、平井文三、平田彩子、深谷健、藤田由紀子、前田健太郎、松井望、松岡清志、松並潤、水野和佳奈、箕輪允智、宗像優、村上弘、茂木康俊、森川想、柳至、山口道昭、山谷清志、米岡秀眞、笠京子、渡邉有希乃（五十音順、敬称略）

第58号年報委員会

青木隆『地方公務員の給与システムに関する研究』（日本評論社、2021年）

圓 生 和 之

　本書は、地方公務員の給与システムの現状と課題を扱った研究の成果である。本書における給与システムとは、「給与制度及びその運用、並びに給与水準及び給与配分といった実態を含む一連の体系」と定義されている。

　あとがきに依れば、本書は現職の地方公務員が職務の傍ら執筆したものである。評者は、学会の委員会から書評執筆を依頼された際、本書のそうした性格から、学会の機関誌で学術書として論評することに抵抗を感じた。しかし、筆者は本学会の正会員であるといった説明があり、博士論文を書籍化した本書は書評として取り上げるに相応しいとのことから、お受けすることとした。

　まず章を追って内容を概観しコメントを付し、その後に、いくつかの論点について考察したい。

　第1章では、「公務員制度及び公務員給与制度の現状」として、日本の公務員制度と公務員給与制度の「制度」が整理されている。公務員の憲法上の位置付けからはじまり、労働基本権の制限、公務員の種類等に及ぶとともに、給与制度の概要について、国家公務員と地方公務員の制度が整理されている。

　人事院や総務省等のホームページにアップされている図表が多数引用されており、制度の解説本でもよく見かけるものとなっている（圓生（2020）ほか）。本書の議論の前提として制度を整理したものと考えられる。

　第2章では、「地方公務員制度とその給与システムの歴史的変遷」が整理されている。国家公務員に関する記述も多い。まず、明治から終戦までの府県制および市制町村制の下での状況、続いて、戦後の地方公務員制度確立過程における状況、そして近年までの歴史的変遷が整理されている。特に後半では、本書が後の章で注目する「国公準拠」を意識した構成となっている。

　ここでも総務省のホームページや資料から、よく見慣れた図表が多数引用されており、分かりやすい整理となっている。

　公務員給与の歴史的変遷については、先行研究として稲継裕昭（2005）『公務員給与序説—給与体系の歴史的変遷』という名著がある。また、「均衡」という概念に着目して公務員給与政策の変遷を詳細に分析した西村美香（1999）『日本の公務員給与政策』があり、この分野のバイブル的な存在となっている。これらの巨人の肩に乗る研究としては、歴史的な一次資料にあたるなど何らかの独自の研究があればさらに良かったように思う。

　第3章では、「地方公務員給与の均衡概念」として「均衡の原則」について整理され

ている。自治省の従来の見解であった「国公準拠」の考え方について、経緯を追って丁寧に説明したうえで、先行研究による代表的な反論を紹介している。

続いて、国家公務員と地方公務員との給与比較として、給与制度、給与水準、給与配分に分けて、制度の整理がなされている。

第4章では、「公務員の給与制度改革等の状況」が整理されている。給与制度改革として、「給与構造改革」と「給与制度の総合的見直し」の内容が紹介されている点は一般的なものであるが、「公務員の総人件費削減に向けた経緯」という節を起こし、財政的な視点から概観している点は興味深い。近年の公務員給与の制度改革には、財政健全化の観点から「公務員の総人件費改革」を掲げる経済財政諮問会議が重要な役割を果たしたという捉え方を示している。また、「東日本大震災後の公務員給与減額支給措置」についても節を設けて、さまざまな立場からの主張を整理している。

第5章では、「地方公務員の給与の状況」として、近年の状況が整理されている。集中改革プラン、給与構造改革、東日本大震災後の公務員給与減額、給与制度の総合的見直しへの地方公共団体の対応状況を整理している。さらに、地方公務員の給与水準の状況として、ラスパイレス指数の推移が、各地方公共団体の独自の給与削減措置の状況と合わせて整理され、地方公務員給与と地方財政との関係についても、いずれも、総務省等の資料に基づいて丁寧に整理されている。

また、地方公務員の給与水準決定における自律性の考察として、給与構造改革などへの対応が、地方公共団体の自治権が欠落し国の要請に従ったのか、それとも、地方公共団体が自律的に取り組んだのかについて考察されている。この点については後述する。

第6章では、「公務員給与と民間給与との比較方法等」が整理されている。まず、人事院が行っている国家公務員と民間事業従事者との給与比較方法について整理し、提言を行っている。この点についても後述する。

次に、地方公務員給与について、各人事委員会が行っている地方公務員と民間事業従事者との給与比較の方法と、地方公共団体独自の給料表作成に対する総務省の助言内容を整理し、総務省と自治総合センターが設置した3つの検討会、会合の報告書の内容を紹介している。

第7章では、「諸外国における公務員給与決定方法」として、先行研究を整理している。まず、国家公務員の給与決定方法について、各国の給与決定方法の類型化を図った3人の研究者による先行研究を紹介している。続いて、地方公務員の給与決定方法について、自治総合センターが設置した研究会の調査報告を用いて、米英独仏4か国の状況を紹介している。

先行研究の整理にとどまらず、何らかの独自の調査や実証分析があればさらに良かったように思う。

第8章は、「地方公務員の給与システムと地方自治権」として、まず、地方公務員給与における地方自治権の必要性について論述されている。続いて、地方公務員の給与制度の改革の方向として、職員体制・財源・住民や国の理解と納得という視点から提案を

している。この点についても後述する。

　以上のように、本書は、地方公務員給与の状況として、特に近年の動向について、人事院や総務省等の資料を中心に、丁寧に整理したものとなっている。欲を言えば、それらを前提として、自説を仮説として提示し実証することにより主張されればさらに良い研究となったように思う。そのような中、いくつか独自の用語を用いるなどにより主張されている点を取り上げて論評しておきたい。

　第1に、地方公務員の給与水準決定における自律性についての議論である。給与構造改革などへの対応が、国の要請に従ったものか、それとも、地方公共団体が自律的に取り組んだものか、二項対立的な問いを設定し考察している。そして、この「義務的追従」や「自律的決定」というより、総務省の要請への「横並び的追従」としている。独自の用語であり、興味深い。

　しかし、先行研究の中で、筆者が前者（義務的追従）と整理した研究においても、①総務省が国を基準にした地方公共団体の給与の画一性を求め、地方公共団体の多くも画一性を守ることに安ど感を覚えていること、②総務省主導の地方公共団体の給与情報等の公表も、ラスパイレス指数等の類似団体ごとの比較であることから、画一的である方が良いという方向へ誘導されがちであること、といった点が指摘されており、筆者が示した「横並び的追従」は、先行研究で明らかにされている要因の一つではないか。

　第2に、人事院が行っている国家公務員と民間事業従事者との給与比較方法についての議論である。筆者は、官民較差のもととなる調査対象の民間事業所の企業規模が、2006年から、それまでの100人以上から50人以上に変更された点を取り上げ、その妥当性を考察し、企業規模100人以上への復元を提言している。根拠として、国家公務員の職務の性質や、公務員試験受験者の減少傾向、労働市場において国家公務員と競合する企業の規模を挙げている。

　しかし、人事院が設置した「官民給与の比較方法の在り方に関する研究会」が2006年に取りまとめた報告書にもあるように、公務員給与は、国民の理解を得つつ、適正な給与水準を確保していく必要があり、同種・同等比較の原則の下で、調査の精確性を確保しながら、できる限り広く民間給与の実態を把握し反映させるという側面も重要ではないか。

　第3に、給与構造改革を経た地方公務員給与の捉え方の議論である。筆者は「地域手当を含めた給与水準は地域民間給与水準の反映であるが、上限はそれぞれの地域における国家公務員の給与水準であり、実態は『地域ごとの国公準拠』にほかならない」としている。この「地域ごとの国公準拠」という語も筆者独自の用語で、本書では頻繁に登場する。

　つまり、地方公務員給与の決定原則である「均衡の原則」は、給与構造改革を機に、「国公準拠」から「制度は国公準拠、水準は地域民間準拠」へと考え方が整理されたとされているが、筆者は、「地域ごとの国公準拠」という独自の用語を用いてその実態を指摘しているのである。

　しかし、この語の意味が、評者には分明でない。調整手当から地域手当への移行期から用いられてきた「地域ブロック」ごとという意味なら、事実と異なる。そうではなく、地域手当の区域である市町村ごとという意味なら、単に地域手当を含めた給与が国公準拠となっているという意味になる。

　それならば、評者はかねてから、地域手当の支給割合や給料表の額などを含めて制度と捉え、制度の国公準拠を強く要請すれば、水準も国公準拠となるのは必然であり、改革後の実態は制度も水準も国公準拠に回帰している、と主張しており（圓生（2015）→圓生（2023）所収、ほか）、同旨の主張のように思えて共感を覚えた。

　本書の奥付に依れば、筆者は現職の地方公務員として本書を執筆された後、現在は定年を迎えられている。今後は研究者として活躍されることを心より期待したい。

【参考文献】

圓生和之（2020）『地方公務員の人事がわかる本』学陽書房
圓生和之（2023）『地方公務員給与―21世紀の検証』晃洋書房

阿内春生『教育政策決定における地方議会の役割　市町村の教員任用を中心として』（早稲田大学出版部、2021年）

木　寺　　　元

　著者によれば、教育行政研究における「政治的中立性」の議論は、主に首長を対象とする議論に収斂してきており、その帰結として従来の研究は議会を研究対象とする視点を持つことができなかったという。そのため地方議会についての研究が遅れ、関与の実態が明らかにされていないという研究状況の課題が生じている。こうした問題意識のもと、本書では地方の議会政治と教育政策についてその関連を論じていく。

　「序章　研究の背景・課題設定」では、上記の問題意識に加え、分析手法としてツェベリスの拒否権プレイヤー理論を用いることを宣明する。

　地方議会は条例制定を中心とする立法的機能を有すると共に首長や行政機関の行政執行の監視権も有する。「第1章　教職員人事行政及び市町村議会の実態」では、この両者の役割を担う町議会と本書が主に取り上げる教職員の人事に関する諸制度を確認している。

　「第2章　教育政策と地方に地方政治に関する研究動向」では、教育と政治をめぐる議論は組長の関与を論じるものが中心であり議会への着目は充分でなかったことを示す。

　「第3章　長野県小海町の町費教員任用事例」は、1985年から町費によって教員を断続的任用してきた背景とその間の政策目的の変化などを明らかにする。

　「第4章　長野県小海町の少人数学級編成事例における議会の動向」は、特に1998年の町費による教員任用を通じて少人数学級編制を行おうとする政策をめぐる政治過程を

分析し、政策の提案者である教育委員会・事前に予算措置という形で同意していた町長・首長に同調的な議員で過半数が占められている議会、という状況において、当該政策が三者によって構成される現状打破集合（ツェベリス）の中にあったとみなすことができ、実現が可能となったことと結論づけている。

「第5章　旧A町の町費教員任用事例」は、小海町同様に地方分権以前から町費教員を任用してきたA町の事例を取り上げ、待遇や職務、採用・配置などを検討した。この自治体の町費教員導入は、へき地の複式学級の解消を目的とするものであった。

「第6章　旧A町の複式学級解消事例における議会の動向」は、町費教員導入における議会の役割を分析する。複式学級を求める当該校区のPTAや住民が陳情を出したのは議会であったことから、議会が直接的な住民の声の受け皿となったことを示す。また、都道府県教育委員会が、法令が想定しない提案・要望を市町村員教育委員会から受けた場合に、暗に独自政策の形成を促す、あるいは独自政策形成を暗に追認する場面があることを示した。

「第7章　旧総和町のTT政策導入事例」の舞台は、小海町や旧A町と異なり、首長と議会が対立的な関係にある自治体である。首長と対立的な関係にある議会は、結果的に首長の提案を縮小させることに成功している。

「第8章　旧総和町における「通年制」の事例」では、議会で審議される予算付けのない教育政策に首長・議員等の公選アクター、教育委員会がどのように関与しどのような政治過程をたどるのかを検討している。「第9章　箕面市における生徒指導専任教員配置政策」は、議会が首長提案の教育政策をどこまで変えることができるのかを論じている。また。政策導入のエビデンスが教育政策の決定にどのような影響を与えるのかを明らかにしようとしている。箕面市では、当初首長による予算案では少人数学級編制のために付けられていた予算について、首長に対立的な議会が教育委員会等から知識の提供を受け、その目的を変更して生徒指導専任教員配置に付け替えることに成功している。

「終章　市町村議会の教育政策決定への関与」では、地方議会は様々な手段を講じて首長の政策に対峙することが可能である一方、どの程度議会として専門技術的知識を持ち合わせているか、提供を受けられるかによって修正の限界が定まっていくことなど各事例から得られた知見などをまとめた上で、今後の課題や展望などを示している。

素朴な読後感として、やはり質的研究の醍醐味はエピソードの面白さだと痛感した。

オンライン調査における努力の最小限化や社会的期待迎合バイアスをどう抑え込むかなど人間の人間味を取り除くべく精緻な手法を編み出そうとしても、結局、人間というものが行う政治や行政の現場では、そういった人間味が滲み出てしまう。町費教員の採用についてお伺いを立てる市町村に対し、おおっぴらにみとめるわけにはいかないから適当にこっそりうまくやっておいてよ、と言わんばかりの対応を示す都道府県教育委員会など、そういう割り切れない態度の中でしばしば物事は決まっていく。著者は「あとがき」で「大好きな小説を読むように会議録を夢中になって読んだ」（284頁）と書いた

が、こういう小説のようなエピソードがたくさんあったのだろうと拝察する。本書でも
ときどきニヤリとしてしまう挿話に遭遇した。

　もちろん、エピソードの面白さだけではなく、本書は冒頭記したような教育行政研究
における地方議会の不在を埋め合わせると共に、ツェベリスらを中心に発展した拒否権
プレイヤー理論を用いて、少数の事例研究というハンデを克服し、精緻な議論を展開し
ようと務めている点でも高く評価される本であろう。

　その上で、拒否権プレイヤー理論に関連していくつかコメントを付す。

　第8章における通年制は、学校管理規則の改正は教育委員会だけで決定可能な政策課
題である。議会としては、請願という手続きにより審議が可能になったことはたしかに
そうであろう。しかし、請願を契機に反対決議や廃止請願採択として議会の反対意見を
表明できたとしても、無予算政策に及ぼしうる影響については著者の言うとおり限界が
ある。したがって、おそらく制度的な拒否権プレイヤーの議論だけでは、この事例分析
に馴染まない。第8章の議論を拒否権プレイヤー論の図に落とし込んだ233頁の図8－
3では、町長や議会といった制度的拒否権プレイヤーの他に「PTA」の字も踊ること
から、別の拒否権プレイヤーが存在するのであろうか。たとえば、Schmitt, Euchner &
Preidel（2013）は、イタリアとスペインにおける20年間の売春と同性パートナーシッ
プの規制における意思決定のダイナミクスを比較することで道徳政策の変化の条件を
探ったが、ここで彼女らが重要性を示したのが社会的拒否権プレイヤーである。日本の
教育行政でもこうした制度的拒否権プレイヤー以外の拒否権の存在も含めて分析できる
余地があるのかもしれない。

　また、拒否権プレイヤーとしてしっかり位置付けるべきは、やはり教育委員会であ
る。同じく図8－3では、「TT拡大企図時」の図において町長と教委事務局は同じウィ
ンセットを持つプレイヤーとして描かれたが、「通年制」の図では「教委（狭義）」とい
うプレイヤーが独立して登場する。執行機関多元主義の原理に立てば、当然、教委は議
会はもとより首長とも異なる拒否権プレイヤーであろう。しかし、教委は人事や予算で
首長の強い影響下にあるという論調も見受けられる。首長と同じ執行機関として位置付
けてその拒否権プレイヤー内部の凝集性の高低の中で議論すべきか、やはり分けるべき
か。分けるならば教委のウィンセットをどう描くのか。たとえば、箕面市の事例はエビ
デンスの重要性に焦点を当てており、拒否権プレイヤー論はその中心ではない。しか
し、議会案に対し重要な「知識提供」を行なったひとつが箕面市教育委員会事務局であ
る。首長とそれに批判的な議会の会派勢力を念頭に、教委は少人数学級編制と生徒指導
専任教員配置の「二段構え」で準備をしていたと言うが（258頁）、そもそも生徒指導専
任教員配置自体がアクターとしての教委にとってその利益に適う施策であった（教委に
とってのウィンセット集合の内部にあった）からこそ議会に協力したのであり、そうで
なかったら協力しなかったのではないか。

　拒否権プレイヤー内部の凝集性の高低に関して言えば、「終章」で著者は地方議会議
員の選挙制度の関連について述べている。しばしば「首長政党」と呼ばれる地域政党で

想定されるような、首長が党首や党の重要な役職者を兼ね、その首長に政党の公認権等を通じ生殺与奪を握られているような地方議員が多数いる議会がある場合は、首長と議会のふたつの制度的拒否権プレイヤーとして捉えるよりも、ツェベリスの「吸収ルール」と呼ばれる方法に則って、ひとつの党派的な拒否権プレイヤーとして分析されるだろう。すでにそうなっている地域とそうでない地域で比較しても興味深い。また議会は、首長のような個別的拒否権プレイヤーでなく、多数の議員を抱える集団的プレイヤーである。第6章ではへき地の小学校の複式学級解消に向けた町費教員任用政策の採用課程が分析されているが、もし選挙制度が変更され比例代表制度が導入されるなどして、特定の地区と強い結びつきを持つ議員がいなくなった場合、こうしたへき地の声は届くのか。ツェベリスの議論でも重要なアジェンダ・セッティングの課題とも密接に絡んでくるだろう。

　拒否権プレイヤー論は、異なる国や地域、政治体制間の比較を容易にするものである。こうした枠組みを活用しながら、本書を契機として教育行政研究の世界において今後の地方議会研究のさらなる発展に期待したい。

【参考文献】

Schmitt, Sophie, Euchner, Eva-Maria & Preidel, Caroline. (2013) "Regulating Prostitution and Same-sex Marriage in Italy and Spain: The Interplay of Political and Societal Veto Players in Two Catholic Societies." Journal of European Public Policy. 20(3). pp.425-441

後房雄『地方自治における政治の復権　政治学的地方自治論』（北大路書房、2022年）

野　田　　　遊

　地方自治に関わる研究書には、伝統的な制度論や先行研究の焼き直し、吟味が不十分な国内外の事例、あるいは、論拠の乏しい行政批判がなされるものもあり、知見の体系のなさもあいまって、表層的な自治論があふれがちである。これに対して、本書は政治の復権を標榜しつつ地方自治に関わる制度的再編の道標とその論拠となる実態を提供する。後房雄教授（以下「著者」と記す）は、地方自治の激動の時代に名古屋市と愛知県の首長選挙にマニフェスト作成等を通じて深くコミットし、市民フォーラム21・NPOセンターの代表理事として、自治体の計画改善や政策評価を提案してきた研究者である。首長、議員、自治体職員、NPO職員、市民の各アクターの行動原理と実情を熟知する著者の政治論には、地方自治の核心に迫る面白さがある。

　第Ⅰ部では、地方自治におけるポピュリズムを論じる。名古屋市議会解散、名古屋市長選、愛知県知事選のトリプル選挙で河村・大村が圧勝する名古屋・愛知の乱の現象は、職業議員としての議会批判と政府への不信を背景に、減税支持が大きく作用した結

果とみる。他方、著者は地方議会の存在意義を示せない二元代表制の問題を提起する。また、橋下徹と河村たかしの言説分析からポピュリズム支持の要因を導出し、ポピュリズムの民主主義への影響として、政治の復権という活性化の側面を見出す。さらに、愛知県のリコール運動の不支持に関しては、河村市長のガバナンス能力に関する問題を指摘する一方、コロナ禍における大村知事による感染抑制や医療体制の強化を評価し、知事のリーダーシップの背景として自民党議員時代の厚生族といえるキャリアの効用を考究する。

　第Ⅱ部の議論は、マニフェストによる自治体の再生に関わるものである。著者は、自治体再生は政治機能の強化、行政経営の導入、協働の拡大の相乗効果により進められるとみており、マニフェストに対して自治体再生に直結するものとはいえないが、道具としての有効性を認めている。首長の任期と連動したマニフェストは行政活動の評価の目標管理として機能するのであり、マニフェストなしのNPMが機能しないという著者の主眼は、政治のサイクルと計画や予算のサイクルの連動にある。著者が関わった東海市の政策マーケティングの手法による評価システムでは、まちづくり指標と市政の通信簿作成を通じた総合計画の改善を志向する。自治体再生へのステップとして、政治家であり経営者である首長は、目標管理による具体的な実績をあげるかどうかにかかっているという。そして、二元代表制が理想とする首長と議会の協調的政策論争は現実的ではないため、マニフェストや行政経営と親和性が高い議会一元制への転換を提案する。この提案は、自治体における政治復権と民主的統制を強化するうえで説得的である。

　第Ⅲ部は、日本の自治体における二元代表制を金科玉条とする論調に対する政府形態改革の不可避論である。ポピュリズム型首長の反乱の背景には、既得権集団と化した地方議員が存在するが、それを温存したのが、予算の絶対的拒否権をもつ議会を維持する二元代表制にあるとみる。戦後長期間、議会多数派と首長を保守勢力が掌握してきたことにより二元代表制の問題が顕在化しなかったが、民主党政権下の2010年に政府が「地方公共団体の基本構造」の選択制を検討したことを評価している。同年には著者自身も関与して「地方政府形態の多様化を推進する議員連盟」が結成され、構造改革特区制度を利用した議会内閣制の検討事例も現れた。二元代表制では首長と議会が対立した場合、予算提案権を首長しかもたない一方、その拒否権を議会が保持しており、首長と議会の対立の解決可能性は著しく低いというのが基本認識である。この矛盾を民主的に解決する方策として、別々の選挙で選出される首長と議員を一元化する議会一元制が俎上にのる。そもそも地方自治において議員に統治責任をもたせる議会中心の考え方が国際的スタンダードである点を念頭に、議院内閣制では、議会に統治責任をもたせる予算提案権を与えるべきとする。さらに、議員の職業化や個別利益追求を抑制するうえでは小選挙区制、または第１党に60％ほどの議席を配分する比例代表制により、小選挙区の多数決原理と少数党の議席確保を両立させる方法の有効性を指摘する。もっとも著者自身は、さまざまな政府形態の選択可能性を確保しつつ、運用の中で制度を改善する必要性を指摘する。

第Ⅳ部の議論は、住民自治の制度設計についてである。自治会・町内会（以下「自治会」と記す）の共同体的性質とNPOの自発的結社的性質は相容れないものであるため、代表を集めた自治組織で自治会の活動を補完しようとしても地域の代表機能や問題解決機能を果たせないという。自治会加入率が100％でない限り自治会は民主的正統性をもたない点をあげ、このため、地域運営組織のような近隣政府において代表者の直接公選や権限付与を進めることを標榜する。地域運営組織における民主的決定と事業遂行のためには、自治会役員の意向で停滞することのないような自律的な意思決定、他の住民組織とは切り離された別格の権限、公選を基礎とする私的組織からの脱却が不可欠であると指摘する。他方、著者は自治の主要な担い手であるNPOの可能性に期待しており、公募や競争を経た事業委託契約をNPOと結ぶ環境の実現を理想とする。

　第Ⅴ部の議論の対象は、政治主導の行政経営であり、評価や改革に関わる手法について著者の自治体への関与の経験から詳細に説明がなされる。議論の対象は、事務事業評価、業務棚卸、政策マーケティング、ロジックモデル、枠配分型予算、包括予算制度、知事と部局長の政策合意、指定管理者制度、民間開放、協働型マネジメントサイクルである。著者による行政経営の主軸は、マニフェスト型評価のサイクルに基づく行政活動の管理科学である。著者は、マニフェスト以外に民主的統制が可能な成果目標の設定方法はないと考えている。そうした視点で、業務棚卸が現状追認志向となる課題や実績着眼型評価における因果追及の希薄化の問題、事業による効果特定の不明確さからくるフィードバックの不全などの問題について言及する。第Ⅴ部の内容は、一見、地方自治の政治というよりは行政経営の具体のツールの解説に力点があるようにみえるが、評価の本質は諸問題の解決に向けた政治的主張をともなうという論理もふまえている。最後に、自治に関わる先駆的問題提起を行ってきた松下圭一の理論の再解釈をしている。時代の移り変わりに沿った松下理論の変化をふまえ、政府の自治体、国、国際機構への分節化と政府信託、党派性を意識した政策選択への着眼、政治習熟を経た市民による政府統制といった地方自治の根源的解釈を可能とする。

　本書の地方自治の政治論は、自治体の最上位の意思決定から自治体再生に向けた制度設計を見通すもので読者を瞬時に魅了する。これ以上の期待は他の研究でお願いすべきであろうが、あえていえば、地方自治の市民論と職員論、そして地域論のいっそうの充実は政治論を深化させるためにも有益である。地方自治の市民論においては、ポピュリズムの支持について新自由主義的価値観やリーダーシップ重視が言説の因果関係を成立させるというが、成果主義や反既得権益を新自由主義的価値観でとらえるのは妥当であろうか。新自由主義的価値観と思われているものの背景には、二つの底流があると思われる。一つは、逃げ切り世代、妖精さん、バブル世代が経験してきた恵まれた環境やその蓄積の結果としてのシルバー民主主義に体現される途方もない世代間格差への不満である。もう一つは、民間企業を経験したことのない公務員や大学研究者と、民間企業で働いている市民との間のあまりにも大きな仕事量や時間価値の認識差である。反既得権益は、新自由主義を求めるものというより公平なルールを求める普通の感覚のようであ

る。そうした市民ニーズの本質とそれにあわせることのできない政党の実情を探究すれば自治と政治の理解がさらに深まる。

地方自治の職員論については、職員側のPublic Service Motivationとの関連で自治体経営やサービス水準を議論できれば、自治体の意思決定のトップダウン的思考と職員の動機を接合できる。首長や有力議員の影響力を想定のうえ、予算提案権をもつ首長のもとで、政策を実効力あるものとして具現化するのは自治体職員である。自治体職員の動機をふまえた地方自治の政治論はより説得力が高まる。

最後に地方自治の地域論についてである。テーマ志向のNPOと地縁型組織である自治会を比べた場合、農村部をはじめ多くの自治体にとって自治会は、地縁に基づく総合的課題を管理する組織として第一に協働の相手となる。民主的正統性の脆弱性の問題も理解はできるが、農村部など多くの自治体において指定管理者の選定審査会を開いても参加NPOの確保が困難な環境にあり、サービスの自治会依存の解消は容易ではない。自治会依存度の高い自治体では、市町村職員が自治会で積極的に活動しその後議員になるという構図もあり、自治会には議員育成機能がある。他方、自治会が目星をつけた人以外の議員立候補を阻止する圧力も存在する。こうした地方自治の地域論は、市町村の自治や政治の本質的理解に必要なものと思われる。

以上の点は、地方自治研究者が向き合うべき今後の研究課題であり、その探究には政治、行政、市民、地域のすべてに対して深いコミットメントを要する。その意味でも地方自治の政治に深くコミットする傍ら、NPO代表理事として自治体の経営管理ツールを開発してきた研究者の書は、自治の実態理解について他を圧倒し、その思想に学ぶ価値は格段に大きい。

打越綾子『動物問題と社会福祉政策　多頭飼育問題を深く考える』（ナカニシヤ出版、2022年）

白　取　耕一郎

動物問題と社会福祉政策－本書の主題を見ただけで内容をイメージできるのは、おそらく多頭飼育問題についての知識を持っている人であろう。動物問題と社会福祉政策はそのように概念的には距離のある課題でありながらも、現場ではときに重なり合って立ち現われ、解決するためには多職種・多機関連携が必要となる。この意外でかつ本質的な指摘が本書の魅力である。

本書は、著者の勤務する成城大学で開講された、全6回のオンライン社会人講座の内容を文章としてまとめた記録である。著者は、日本の動物政策研究の第一人者であり、本書における重要な研究対象である「多頭飼育対策ガイドライン」の策定に深く関わっている。騒音、悪臭、ペットの劣悪な健康・衛生状態などにつながる多頭飼育問題を起こしてしまう飼い主は、社会的孤立、家族の喪失、経済的困窮、認知症などの課題を抱

えている場合が多いことがわかってきたという。同講座の趣旨は、動物愛護管理政策と社会福祉政策の連携を見据え、それぞれの分野の価値観、活動方針、専門資格、法制度を超えて、互いの政策分野に関する基礎的な情報を共有し、「『人、動物、地域に向き合う』共通認識の構築」（p.ⅱ）を図ることであった。

　本書の「第Ⅰ部　多頭飼育問題」は、多頭飼育問題を理解するための導入であり、なぜその解決には社会福祉政策との連携が必要なのかまでが述べられている。「1　多頭飼育問題の概要」においては、多頭飼育問題の定義が紹介される。多頭飼育問題は、「多数の犬や猫を飼育しているなかで、適切な給餌給水・衛生管理ができておらず、①悪臭や害虫など近隣の生活環境に好ましくない問題が発生しており、②飼い主の生活を見ても社会的孤立や経済的困窮、セルフネグレクトや時には精神疾患などの課題があり、③飼育されている犬や猫も皮膚炎や感染症・栄養不足等で健康状態が芳しくない状態」（p.3）を意味する。また、①～③のどれか1つでも当てはまれば、ペットの多頭飼育に起因する問題状況と考えられるという。「2　動物愛護管理法と多頭飼育問題」では、動物に関わる問題について規定している「動物の愛護及び管理に関する法律（動物愛護管理法）」の成り立ちや運用について解説している。「3　自治体における獣医師職員の役割」は、動物愛護管理行政を担っている自治体の獣医師職員について述べている。それらの職員の業務が多岐にわたること、動物愛護管理行政だけに注力するわけにはいかないことが紹介される。「4　社会福祉と連携した対応策の考案へ」では、かつての動物取扱業者の多頭飼育問題から一般市民の多頭飼育問題へと社会の関心が移り、動物関係者と福祉関係者の連携が一層求められるようになってきたことを述べる。

　「第Ⅱ部　社会福祉政策」では、動物の話題を離れ、一般的な社会福祉政策の解説がなされる。「5　社会福祉政策の定義と考え方」では、社会福祉政策の定義が紹介され、本書では基本的に狭義の定義を前提として論を進めることや、どのタイプの社会福祉政策を中心に紹介するかが説明される。「6　社会福祉・地域福祉の基盤制度」には、社会福祉法、社会福祉政策に関係する組織・主体、社会福祉政策に関わる資格・職位、第一種・第二種社会福祉事業についての解説がある。「7　生活保護・困窮者支援制度」では、制度の概要のほか、関連する課題が紹介される。「8　高齢者福祉・介護保険制度」は、高齢者福祉・介護問題を、介護保険制度を中心に説明する章である。「9　社会福祉政策を振り返る」では、動物政策を考える上でも、人と向き合うことが不可欠であることが再確認される。

　「第Ⅲ部　社会福祉政策と連携した多頭飼育対策」においては、多頭飼育対策に立ち戻り、「多頭飼育対策ガイドライン」に至るまでの政策立案のプロセスが記述される。「10　多頭飼育対策検討会設置までの経緯」では、2014年度に多頭飼育問題が政策課題として浮上してから、2018年頃までの中央環境審議会動物愛護部会や国会での公式論議までが描かれる。「11　社会福祉施策と連携した多頭飼育対策検討会」では、2019年に同検討会が立ち上がって行われた、各分野の専門家のガイドライン作成に向けた議論が取り上げられる。「12　アンケート結果に見る多頭飼育問題」では、「社会福祉施策と連

携した多頭飼育対策推進事業　アンケート調査」の主要な結果が示される。「13　ガイドラインの策定」では、ガイドラインの執筆作業、その内容、そして反響についてまとめられている。

　本書の特色を2点挙げる。第1に、政策立案過程に参加した当事者が作成した政策形成過程の記録であることである。著者は、多頭飼育問題が政策課題になっていったきっかけであった「人と動物が幸せに暮らす社会の実現モデル事業」の進捗状況を確認・評価するための審査委員会の座長であり、「多頭飼育対策ガイドライン」作成を担った「社会福祉施策と連携した多頭飼育対策に関する検討会」の座長であった。本書の記述は、根幹部分は公開資料に基づいているが、ページの端々に当時の苦労がにじみ出ているために、非常に読み応えのあるものになっている。

　第2に、特徴的な3部構成であることである。第Ⅰ部と第Ⅱ部は、第Ⅲ部を理解するための解説であり、第Ⅲ部が「多頭飼育対策ガイドラインの成立過程と内容の記述となっている。この意味では、本書の帯が「『多頭飼育対策ガイドライン』の背景を平易に解説」としているのは正確である。また、動物の多頭飼育問題についての部と人間の社会福祉政策についての部を並べた書籍を評者は他に知らない。このユニークさは本書を一読してわかる大きな特徴である。

　本書をくり返し読む中で、もっと知りたい点も出てきた。大別すると、実務的な位置づけと学術的な位置づけである。実務的な位置づけについては、対処すべき優先順位の観点が明示的に論じられていないように思われた。「全国各地で悩ましい課題」（p. i）になっているという、そのエビデンスに関心を持った。第Ⅲ部で、都道府県・政令市・中核市に対する全国事例調査から、385事例、単純に調査対象自治体で平均値をとると1自治体あたり3.1事例という数字が示される（ただし事例の記入は5件を上限としている）が、筆者自身も述べているように、正確な数とは言えないであろうし、またこの数字が限られた行政のリソースを多頭飼育問題に優先的に投入する意義を証するものとも断言できない。

　学術的な位置づけについては、多頭飼育問題と他の政策課題の異同について知りたくなった。多頭飼育問題が動物愛護管理行政と社会福祉行政の境界に位置する課題であるとの位置づけはしっかりとなされていると思うが、たとえば多職種・多機関連携についての先行研究をどう踏まえて論じているのか。参考文献には和文の概説的な文献が多い。本書の学術的な新規性についても主張できることはあるのではないかと思われるため、やや気になった。ただ、本書が学術書というよりは一般書という性格が強いことを考えれば、この点は望み過ぎであるともいえよう。

　本稿をここまで読んで、「ガイドラインの解説書を書評するのか」と違和感を持たれた方もいるかもしれないので、行政研究の視点からの補足も若干付け加えておきたい。確かに、本書には研究の方法論についての記述はなく、高度な定量的分析も含まれていない。「当世風」の研究書の装いでないことは間違いない。しかし、研究の本義が知を拡張することであり、そのために立てた問いに適した方法論が選択され研究が完遂され

ていることが必要であるとするならば、多頭飼育問題の性質と解決策に参与観察をも用いて取り組んだ本書はその条件を完全に満たしているといえる。

　本書に関心を持たれた方には、下記も併せてお勧めしたい。まず、インターネット上にアップロードされている「多頭飼育対策ガイドライン」の実物を読むことである。多頭飼育問題の実態、多頭飼育問題への対応、事例紹介がその主たる内容であり、約130ページにわたり密度の濃い記述がなされている。環境省のWEBサイトでは、アンケート調査結果の詳細などの補足資料も読むことができる。また、日本の動物政策の全体像を示した打越（2016）は必読であろう。動物行政にもセクショナリズムがあると読み取れる重要な指摘を含む著作である。打越（2016）が動物政策の総論であれば、本書が各論に当たることが確認できる。人の社会福祉と動物福祉の境界に位置する多頭飼育問題の位置づけ方についてのヒントが得られると考えられる。

　本書は、行政学者が「人、動物、地域に向き合う」とはどういうことか、ひいては社会課題に向き合うとはどういうことかという問いに対する、１つの答えを示している。読み進めていくうちに、自らがどのように社会課題と向き合ってきたのか、振り返り自省せずにはいられない。

【参考文献】

打越綾子（2016）『日本の動物政策』ナカニシヤ出版

岡野裕元『都道府県議会選挙の研究』（成文堂、2022年）

曽　我　謙　悟

　大変な労作である。本書の最大の貢献は、すべての都道府県議会議員選挙について、第二次大戦後現在までの70年あまりを対象として、選挙区単位の候補者と得票に関する情報を収集、分析したところにある。この間、18回の選挙が行われ、選挙区総数は17,907、候補者累計は67,630人におよぶ。これらについて、各都道府県の選挙管理委員会が発行する『選挙結果調』等を中心に収集を行った上で、分析可能なデータとして整備しており、それに要した労力と時間は途方もない。その学問的熱意に敬意を表したい。

　大規模なデータは、都道府県議会選挙の実像を明らかにしてくれる。選挙区制度としては、昭和の大合併により、１人区は選挙区の２割から４割を占めるまでに増えたが、定数の比率で見れば16%程度であったとか、定数７以上の選挙区が四つ以上存在していたのは初期の東京都と長野県だけであるとかいったものがあげられる。候補者については、１人区では2015年の統一地方選期で無投票当選（選挙区定数M＋０）が49%、主要政党候補者が２人（M＋１）が約４割、M＋２が約１割であるが、定数２の場合はM＋０、M＋１、M＋２がそれぞれ約40%、30%、25%といったことなど、多くの発見に満

ちている。

　このように本書は、ミクロレベルの候補者の得票データに基づく包括的な都道府県議会選挙研究であり、その学術的貢献は大きい。そのことを認めた上で、本書に対する疑問を三点指摘し、今後の議論を触発したい。

　第一は、選挙制度の捉え方とその変化をもたらす要因についてである。本書の分析は大きく二つに分かれ、その一つが選挙制度の実態を描くことである。制度を捉える視点としては、選挙区定数に着目して、小選挙区、定数2から6の中選挙区、定数7以上の大選挙区といったものをとる。それぞれに該当する選挙区の数が変化する要因は、都市化などの人口動態の変化と市町村合併や政令指定都市への移行など市区町村の規模の変化である。

　こうした分類方法とその要因の理解は一見異論がないであろう。本書も、SNTVなど制度の他の特徴などについて触れることや、定数の大小に着目する理由の説明なく、定数の違いに焦点を絞る。

　しかし、分析された選挙区定数の効果には、他の選挙制度の影響が端々に現れている。選挙制度の種々の要素は相互に関係しながらその効果を生み出すからである。一例は、マルチレベルの選挙制度の影響である。興味深いことに、本書の有効政党数の分析は、選挙区定数7で有効政党数が最大になり、その後は下がることを示す。政党数自体が国政の政党数と連動しているために、複数当選者が出せる定数になるとかえって有効政党数は下がる。他レベルの選挙制度に影響されることで、単純に定数の大きさが比例制を高めるという結果にならないのである。このように選挙制度の定数以外の特徴とその影響を明示化すれば、分析の解像度はさらに高まったはずである。

　他方、人口動態と市区町村の規模が影響することは、公職選挙法の規定から当然予測される。では、公職選挙法が改正され、条例による選挙区の設置が可能になったことはどのような変化を生じさせたのか。本書はそこで、既存の政党や現職の議員への配慮が選挙区の設定に影響した事例を紹介する。

　ならば、人口動態から現職議員の利益へと選挙制度の規定要因は変化したということなのか。確かに一見そう見える。しかし、議員が選挙区設定を行えるようになったことで歪みが生じているとしても、それは限られた事例に過ぎない。議員それぞれの利益が衝突する以上、選挙区の変更は容易ではない。現在の選挙区設定は均衡にある（ゆえに、選挙区の変更は、外部ショックがあった場合に限られる。本書で取り上げられているのも指定都市への移行や隣接都道府県の影響を受けての定数削減のケースである）。全体と一部の両方を見つつ、制度の理念と効果を理解していけば、選挙制度の理解は一層深まっただろう。

　第二の指摘は、政党間競争という視点を都道府県議会選挙で用いることについてである。政党間競争は本書の分析の柱である。しかし、評者の目には、この視点を十分貫徹できていないように見えるところが一方であり、他方では、そもそもこの視点に立つことが適切とは思えないところが存在する。

　政党間競争の実態を描く上で、選挙区を単位とした分析には強みがある。往々にし

て、長期にわたり47都道府県を見るとなると、各政党の議席数の推移を把握するにとどまることが多いが、実際には、一つ一つの選挙区での勝敗が集積されて、結果として議会における各政党の議席数が決まる。政党間競争の主戦場はあくまで選挙区である。本書はそれを捉えうるデータを集めた。

　にもかかわらず、選挙区単位の政党間競争の実態が、本書では十分に明らかにならない。選挙における政党間競争は、選挙区に候補者を擁立し、投票の結果当落が決まるという連続する二つの段階からなるが、筆者の分析は二つを切り離す。5章で選挙区定数別の各党の候補者数、6章で選挙区定数別の議席獲得数を示す。7章では候補者の政党の組み合わせ、当選者の政党の組み合わせを見るが、ここも、立候補と当選のそれぞれの段階ごとに、選挙区定数ごとの組み合わせパターンの比率を示すにとどまる。

　候補者を立てなければ勝つことはないが、資源に限りがある中で、負け戦に資源を割けば勝てる戦いも落とすだろう。さらに、SNTVであるため、票の偏りが出ても勝てる試合を落とす。つまり、都道府県議会選挙における政党は、過剰立候補と過小立候補を避け、候補者間の票のばらつきを抑えることが求められる。その巧拙、自党の巧拙のみならず他党の巧拙との相対が勝敗を分ける。こうした政党の戦略を解明するには、立候補と選挙結果を結びつけ、競い合う政党の組み合わせとその結果を分析すべきだった。

　つぎに、本書の政党間競争の分析において、政党として集計されるのが何かは必ずしも明確ではない。7章では、国政政党である自民、社会、民社、民主、新進、公明、共産の各党に注目し、これら以外はその他、無所属は無所属とするとされているが、5章と6章ではどのように扱っているのかの記述がない。図表ではその他区分が存在しないので、これらは省いて分析を行っているのか、それとも別の分類を行っているのか。大阪維新の会をはじめとする地域政党の扱いも不明瞭である。

　確かに、すべての都道府県を長期間にわたり分析するという視点からは、国政政党を集計の単位とすることになる。しかし、選挙区ごとの競争を考えるならば、大阪維新の会のように特定の都道府県で大きな勢力を占める地域政党抜きには、実態を捉えられない。本書が分析したいのは、国政政党が都道府県選挙でどのように戦ってきたかなのか。それとも、各選挙区においてどの程度激しい競争が存在し、それが選挙区定数によってどのように異なるのかなのか。分析の目標の明示化とそれに応じた政党の設定の理由が説明されるべきである。

　さらなる問題は、政党を選挙区の選挙戦略における意思決定主体とすることの適切性である。公明党や共産党と自民党や民主党の違いには筆者も留意しているし、6章では無所属議員に着目し、その増減は自民党との間での移動により生じていることや、推薦・支持のあり方にも注目している。さらに7章の分析では、自民党候補者が定数を超える過剰立候補の場合にも目を向けている。

　これらが意味していることは、とりわけ自民党および保守系無所属の候補者の場合、立候補の意思決定を行うのは候補者の側であり、党の側ではないということである。しかし筆者は、「党が候補者を立てる（立てない）」といった記述を通す。それは本書が「政党間競争」を分析するものだからであろう。しかし「政党内競争」が都道府県議会

選挙において占める部分は大きい。政党間競争と政党内競争の双方が交錯しつつ形づくる都道府県議会選挙の全体像は、まだそのすべてを現していない。

　第三の指摘に移る。本書は、都道府県議会選挙の分析を通じて、自民党長期政権の維持に都道府県議会選挙が寄与したことを明らかにし、さらに日本の代議制民主主義のあり方を考えることを目標に掲げる。高い志であり大いに賛同したい。しかし、その内容には疑問が残る。

　まず、都道府県議会選挙の分析が、国会で多数派を形成することにどのような連関があるのかなかなか見えてこない。ようやく終章において、自民党と民主党が国政選挙で大勝するときには、「都道府県議会出身者が多く国会へ昇進している」（287頁）ことから、国会議員候補者の「人材のプール」として都道府県議会議員が位置づけられることが示される。

　日本の代議制民主主義の課題と改善策については、関連する記述を集めると以下のようになる。非自民第一党の勢力を都道府県議会で伸ばし政党間競争を高めることが、国政における政権交代可能な二大政党制の実現のために必要である。それには1人区を減らし3から6人区を拡大することが必要となる。また、無投票選挙区は解消されるべきである。

　しかし、筆者の予測はやや単純に見える。選挙区定数を変更したときの政党間競争のあり方は、現在の選挙区定数のもとでの各党の行動がそのまま延長されるものとはならない。候補者や政党は戦略的な存在である。現行の制度を前提として、勝敗確率を見越しながら立候補の判断や選挙戦での戦いぶりを決めているが、制度が変われば、新たな制度に対して対応を取る。現状の制度のもとで3から6人区が非自民第一党にとって最も成績がよいとしても、1人区が3から6人区に統合されたとき、自民党は中選挙区に応じた戦いにシフトすると同時に、非自民第二党以下はより積極的な候補者擁立を行うだろう。

　さらに、国会に移ることを「昇進」と称し、都道府県議会選挙を国政の政党政治の手段と位置づける筆者の立場には首肯しかねる。都道府県議会の議員は都道府県の議会の構成員である。そして、都道府県議会のあり方もまた、日本の代議制民主主義の一つの要素である。二元代表制において、都道府県議会が少数派と多数派をどのように代表するべきか。都道府県議会の選挙制度は、都道府県の政治制度の中で果たす役割にも目を向けた上で論じられるべきである。

北村亘編『現代官僚制の解剖　意識調査から見た省庁再編20年後の行政』
（有斐閣、2022年）

嶋　田　博　子

　本書は、官僚たちが何を考え、何をめざしているのかに関し、2019年に実施した官僚

の大規模意識調査を通じ、「巷にあふれている論評」に代わってデータに基づく科学的議論を行おうとする意欲作である。

官僚の意識調査としては、村松岐夫代表による1976−77年、1985−87年、2001年の3回にわたる行政エリート調査が知られる。その後、2001年の省庁再編に「魂を入れる」と謳って始められた公務員制度改革は、2014年の国家公務員法改正で決着したが、決め手となったのは「官僚制の省益追求が国益を損ねている」という病理診断、「政権が一元的に官僚制を統制すれば、機動的・効率的で国民本位の行政が実現する」という処方箋だった。この大手術を経た実態の分析は20年間待ち望まれており、本書が日本官僚制に関する今後の必読文献となるのは間違いない。

村松代表らの行政エリート調査は、経企庁、大蔵省、厚生省、農水省、通産省、労働省、建設省、自治省の8省庁の局長以上の全員と課長クラスの一部を対象に面接員によるインタビュー方式で行われ、近接時期に国会議員と団体の調査も実施されている。今回は、財務省、総務省、経産省、国交省、厚労省、文科省の6省の本省課長補佐級以上の全職員を対象にオンライン方式で行われ、議員や団体調査は実施されていない。

今回、対象者1412名のうち何らかの形で回答した者は203名で、本書ではこれに基づき多様な切り口から官僚制をめぐる分析が展開される。第1章（北村亘・小林悠太）は、2000年代の統治機構改革の概要や政府の業務量・予算定員の変化など、調査の文脈を説明する。第2章（曽我謙悟）は官僚・政治家・有権者の政策選好の距離を通じて政治体制における三者の関係を分析し、第3章（伊藤正次）は官邸主導に対する官僚の認識を定性的な研究も交えて考察する。

続く3つの章は政策実施に焦点を当てる。第4章（本田哲也）は政策の実施主体に関する官僚の選好とその規定要因を探り、第5章（砂原庸介）は機械による代替を嫌う意識がIT活用を妨げる効果を論じる。第6章（北村）は地方自治に対する官僚の認識を現所属と採用省庁別・職位別に比較する。

第7章以降は働き方や日常を扱う。第7章（柳至）はPublic Service Motivation（PSM）や職場満足度を高める要因を分析する。第8章（小林）は「幹部」の組織ヴィジョンへの不満を官僚の政策選好から説明し、第9章（青木栄一）は、Work Life Balance（WLB）を規定する要因を業務から読書や会食にまで広げて分析する。

終章では、ここまでの分析を基にした2020年代の官僚像を「首相官邸主導が確立した中での従来の活動型官僚を維持しようとして関係者との利害調整にも配慮しているが、そもそも業務量も増大し、業務内容の高度化や複雑化も進行している中で新たなモデルに転換できていない」と描く。さらに、暗中模索からの脱出の手掛りとして、大幅な増員や給与引上げは望めない状況を前提に、社会的課題の解決案の作成や実施でのやりがいや面白さをいかにして刺激するかが改革での次の課題とする。

数多くの興味深い分析が展開されているが、今回調査なしには説得力を持ち得なかった分析として、まず第2章の「政策選好で見る官僚・官僚・有権者の関係」がある。Principal-Agentの枠組において、有権者は政治家に対し選挙という統制手段を持つが、

官僚に対しては持たない。このため、政治家による官僚への統制強化が有権者の委任に応えることになるというのが教科書的な見立てであり、公務員制度改革で目指された方向でもあった。しかし、日本では「有権者と政治家の距離が遠い」ことが東大谷口研・朝日調査で示され、委任の連鎖は早々に切断されている（谷口将紀2020『現代日本の代表制民主政治』）。

　同章では、今回調査をこれに重ねて三者の関係の把握が試みられる。強い国家への警戒・忌避、社会的保守性の2つの因子で捉えられた政策選好からみると「有権者と官僚の距離は必ずしも遠くない」。官僚の選好は、出身地域、学歴、職業など彼ら自身の属性とは異なる人々の政策選好にむしろ近い。公務員は全体の奉仕者であって一部の奉仕者ではない（憲法第15条2項）という規範に照らせば、政治家が「一般の人」から遠い状況下では政と官との乖離は望ましいとも評価できよう。

　第5章では、政府のデジタル化の遅れの原因として、外部組織との調整と並び、効率性と対立しうる公平性等の価値の重視が示される。手続き的正義の重視がIT化を遅らせる可能性は先行研究でも指摘されているが、日本の遅れが主要国で突出しているのはなぜか。迅速な対策に向けて、人々の政府不信や利用可能な資源等の国際比較を含めたさらなる検証が期待される。

　第7章では、新たに加わったPSMと職務満足度を用いた分析が関心を惹く。PSMが高い人ほど公務での満足度も高いように思われ、実際に儒教アジア圏では相関が強いが、米国では弱いという先行研究がある。今回、日本ではほとんど相関がなく、PSMと離職意思との相関もないことが明らかにされ、公務の社会的威信や人気が低く公共貢献意欲を満たす場が官庁外に多い米国型への接近がわかる。また、業務量は、PSMとも職務満足度とも関係がない。ボトムアップの時代には多忙な部署ほど仕事が面白いのは常識だったが、官邸主導下の今も業務多忙が満足度を損ねていないのは意外な結果で、量的負担が大きい課長補佐級のデータの少なさが惜しまれる。

　職務満足度は、給与や退職後の処遇等ともほとんど関係しないが、昇進管理の適切さや上司との人間関係との相関は強い。ここだけ読めば「管理職のマネジメント能力向上」という提言に飛びつきたくなるが、幹部官僚・管理職も政治的要求の下で他律的に働かざるを得ない官庁固有の構造も指摘される。この構造を放置して管理能力要求だけ強めれば、管理職をさらに疲弊させ、その姿を目の当たりにする部下にとっても職場の魅力が低下するという帰結が透けて見える。

　第9章は、WLBを仕事と私生活の適正配分とみる人も多い中、業務そのものの質や人間としての成長欲に注目し、ライフの中核である仕事を通じた報い方の重要性を示唆する。「人事評価による昇進管理の公正性があるほどWLBが低くなる」との結果は、欧米と異なり各人の職掌範囲が不明確である人事慣行が影響していよう。

　本書が今後の研究や実務に与える有益な示唆は他にも計り知れないが、いくつか課題も残る。回答率や調査対象者との距離、過去調査との連続性や設問の納得性、データと結論の関連づけ、選好以外の要因の考察などである。

第1に、回答率は14.4%、特に課長補佐級の回答は28名にとどまり、省庁別・職制段階別分析の狙いが十分達成できていない。理由として警戒感と負担感が推測されているが、先行研究やピアレヴューを踏まえた学術調査がなぜ信頼されないのか、謙虚に振り返る必要がある。情報公開法（2001）や政策評価法（2002）の施行前に行われた過去調査と違い、今回は民主的統制には日常的に応えているとの認識が官僚側にあったかもしれない。対象者からは「もっと国家のあり方について研究しろ」という叱咤も少なくなかったというが、これだけ費用をかける必要性・効率性・有効性の説明が十分だったか。官僚側の"答えがい"、例えば日頃の問題意識や処方箋への期待にも耳を傾けることが今後の調査協力の鍵となろう。

　第2に、過去調査では国士型官僚から調整型への変化、吏員型の登場が示されており、今回も「何型官僚が表れたか」という分析を期待した読者が多かっただろう。しかし、政治・社会との関係や中立性などに関する従来の質問は調査票にない。関係者への事前確認段階で機微とされた問いは削除したそうだが、過度の自粛は"街燈の下で落とし物を探す"分析になりかねない。一方、PSMから読書時間まで新規項目を幅広く盛り込みつつ質問総数は圧縮したため、質問票だけでは趣旨が直感的に伝わらず、調査対象者に困惑もあったと聞く。

　第3に、各章「おわりに」や終章には、今回のデータがなくとも書けたとの印象を与える記述がある。記述の背後には各執筆者が蓄積してきた観察の存在が推測されるが、科学的論拠との関連が明示されなければ唐突感が残る。「幹部」と「幹部官僚」（第8章）、「政治任用」と「各省人事に対する官邸介入」（第3章）など、質問の文言と解釈のズレも気になる。他方、データのみによる推論にも別の問題があり、例えば「留学経験を有すると地方自治体の理解を重視しない」（第4章）とあるが、各省実態を観察すれば逆因果関係の把握は容易だっただろう。

　第4に、「官僚の選好がこの帰結をもたらした」と言うには、法令的羈束や資源の制約など他の要因は無視できる程度だったかの検証も要する。比較的自由に判断できる政治家や有権者と異なり、組織人たる官僚は法令に従って行動する。設置法で各省固有の任務が定められている以上、官僚制が「一枚岩ではない」のは調査を待つまでもない。また、実施責任を担う者は「この条件下で何が可能／必要か」をまず考えるので、「重要である」との回答は現状認識であって、「重視されるべき／望ましい」という価値判断と同義ではない。

　冒頭の「なぜ日本の官僚は無定限、無定量の業務をこなしているのか」という問いには、合理的な行動理由・利得があるはずとの想定があろう。しかし、長期契約下では、条件が急変しても逃げ場はないという諦念が支配する。装丁は官僚制のレッドテープを表しているとのことだが、むしろ専門知に基づく官僚制の行動を縛る諸制約の象徴のようにも見えてくる。

　優れた医師は、数値を見ると同時に患者の信頼を得て生身の体に触れ、病理に迫る。大規模意識調査の難しさを承知しつつ解剖に取り組まれた執筆陣に心より敬意を表する

とともに、官僚制の治癒に向けて、次世代研究者への橋渡しも期待する。

小西敦『救急医療の法的基層』（信山社、2021年）

永　田　尚　三

　本書は、国民や地域住民の命に直結した極めて重要な行政分野である救急医療行政について、法的側面からの様々な課題について、詳細に明らかにした著作である。救急は、総務省消防庁が管轄する消防行政と厚生労働省が管轄する医療行政のいわば相乗りの行政分野であるが、本書のタイトルだけを見ると、「救急医療」という用語が使われ、救急搬送やプレホスピタルケア（病院前の救命措置）を主な業務とする消防行政の下位行政分野としての救急行政よりも、どちらかというと医療行政の下位行政分野としての救急医療行政の視点に重きを置いた研究成果のように見える。ただ実際には、消防行政を管轄する元総務官僚（旧自治官僚）で、群馬県医務課長や自治医科大学総務部長等の地域医療に関わるポストも複数歴任された行政実務経験豊富な著者だけあって、両方の視点から救急における法的課題について考察した、大変バランスの良い研究成果となっている。また後で後述するが、この相乗りの行政分野という点についても着目し、わが国の救急について考察を行っている点に、本研究の行政学的視点からの重要性があるように思われる。

　本書の構成としては、補章も入れると9章構成で、救急を法的側面から考察する上で重要なポイントを全て網羅している。そして補章では、Covid-19を踏まえた救急医療の法的論点という救急の最新の課題まで取り上げている。

　各章の内容を概観すると、第1章では「大規模災害時のトリアージ概念の再検討」というテーマで、大規模災害時のトリアージ（患者選別）という、救急医療資源の限界からやむを得ず実施される患者の症状による救急医療措置の優先度の選別という究極状況下での法的課題について検討し、伝統的で多数説でもある治療順位決定説や、緊急度判断説、搬送順位選択説、拠点病院体制確立説等の数多くの学説や総務省消防庁の緊急度判定プロトコル等について詳細に紹介し考察を行っている。その上で著者は、行為をすることが法的に許されている者に、その行為の優先順位を決める権限があるという、行為順位決定説を私見として唱えている。

　第2章の「救急医療における法的根拠と医師等の義務の再検討」では、医師が医的侵襲行為（手術や薬剤投与等の患者の体を傷付けたり、生命の危険を伴ったりする医療行為）を救急医療で実施する際に、もし本人の意思が確認できない状況下であった場合は、医師にどのような義務が課されるのか、またその法的根拠について多面的に検討している。従来、わが国の通説は、医師が医的侵襲行為を行うためには、患者本人の同意が必要と考えてきた。ところが、救急医療では本人の意思を直ぐに確認できないケースや、本人の意思確認をする時間的余裕が無いケースが多く生じる。ところが、わが国で

はそのような状況下での医療行為の法的根拠についての明文が無い。そのため、本問題は法的側面から救急医療を考える際に大きな問題となって来る。本問題が難しいのは、諸外国の動向を見ると患者の同意権を明文化する傾向にある一方で、医療関係者からは実定法化への懸念も根強くある点である。著者は私見として、医的侵襲行為の根拠と医療契約の根拠を分離して考え、医的侵襲行為に関しては、患者本人の同意が得られない場合であっても、家族などの同意を不要とする説を唱えている。

第3章の「救急医療の法的根拠についての国際比較」も、前章と同じ問題意識で、主に救急医療時の同意に関する法的根拠についてドイツやフランス、韓国、米国などの諸外国の制度について国際比較を行い、海外の動向の把握を行っている。

第4章の「救急医療制度の現状と救急医療法（仮称）の論点」は、わが国の救急医療体制の現状が様々な制度の「つぎはぎ」状態にあるという認識に立って、救急医療法を制定する場合にはどのような点が論点となるかについて著者の私見を示している。そしてその典型的な事例が、1964年からの救急告知病院（一定の要件で県知事からの認定・告示を受けた病院を救急病院・救急診療所と定める制度）と1977年からの救急要綱体制（初期・二次・三次救急医療機関を定める制度）であるとする。救急医療に対応する医療機関に関し、2つの制度が併存するため、確かに救急医療体制はそれに関わる者以外には分かりにくいものとなっており、一元化を求める声は長年存在する。

第5章の「緊急事務管理規定とよきサマリア人法（GSL）の必要性」は、わが国の救急において長年議論されてきた法的課題である、よきサマリア人法（窮地の人を救うために無償で善意の行動をとった場合、たとえ失敗しても結果責任を問われないとする法律）の制定の是非について、米国の連邦法や州法の事例、わが国の1994年総務庁報告書、1999年消防庁報告書等について考察を行い、著者はわが国ではよきサマリア人法は不要とされるものの、その根拠となった1994年の総務庁報告書の当時の状況と現場の状況が大きく変化していることを述べ、よきサマリア人法の必要性を唱えている。

第6章の「救急医療におけるメディカルコントロール（MC）」は、厚生労働省と総務省消防庁の共管政策（co-managed policy）である救急医療におけるメディカルコントロール（救急救命士を含む救急隊員の応急処置等の質を保障することを主な目的にし、消防機関と医療機関との連携により、医師が常時かつ迅速に消防の救急救命士に対し指示、指導・助言を行える体制や消防が実施した救急活動の医師による事後検証体制、救急救命士の病院実習を含む再教育体制等の整備を行う制度）について、様々なデータを用いて現状及び実態を明らかにし、著者は共管政策であるメディカルコントロールが課題を有しつつも一定の成果を上げていることを評価し、今後に期待をしている。

第7章の「韓国『119救助及び救急に関する法律』」は、消防面の救急に関する興味深い立法例として、著者が韓国消防庁において行った119救急課長等へのインタビュー調査等を踏まえて、韓国の『119救助及び救急に関する法律』について紹介している。

第8章の「地方自治体の新型インフルエンザ対策」は、2009年に発生した新型インフ

ルエンザの経験を踏まえて、2012年に制定された新型インフルエンザ等対策特別措置法（インフル特措法）の目的や具体的な措置などを概観し、著者は情報面等の課題を指摘している。

補章の「新型コロナウイルス感染症を踏まえた救急医療の法的論点の覚書的整理」では、未だ社会全体に大きな影響を及ぼしているCovid-19に対する救急医療の法的論点について、今後の議論の切っ掛けとなることを目的に、トリアージ、法的根拠、患者受入れ体制、応招義務、補償関係、救急搬送状況、海外の事例、インフル特措法及び感染症法等、著者は網羅的な論点提示を行っている。

最後に書評者として所感を述べたい。最近は救急を研究する若手研究者も徐々に出てきているものの、まだ行政学、法学の視点からの専門的な研究は決して多くない。社会科学的な視点からの救急研究の大きな障害となっていると思われるのが、救急を本気で研究するとなるとある程度医学的な専門知識も求められるという点である。しかし本書は、法的側面という救急行政にとっても救急医療行政にとっても等しく重要な側面に研究の切り口を絞ったこと、また著者の法的知識のみならず地域医療行政への極めて深い実務経験に裏付けられた知見から、救急の研究者、研究を志す研究者にとって、今後避けては通れない必読の書となっている。

また、救急が行政学的見地からおもしろいのは、著者も指摘するように、総務省消防庁と厚生労働省の共管行政分野となっている点である。著者も評価するメディカルコントロール体制の整備では一定の成果を上げつつあるが、一方で従来は縦割りを基本とするわが国の行政において様々な難しさも多々あるように思われる。本著で著者が指摘するに、わが国の救急医療体制の現状が様々な制度の「つぎはぎ」状態になっている背景にも、そのような相乗り行政分野ならではの難しさがあるように思われる。この辺りに関しては、更に行政学的な見地からの深掘りが必要であるように思われる。

更に、本書から得られる知見は、救急実務の現場においても、医療関係者、救急関係者にとっても非常に有益であると思われる。はしがきを拝読すると、著者が著書を書いたきっかけは、医療関係者から、「自分達が救急医療を法律面の不安なく実施するためには、公務員であれ、法律に詳しい者がもっと努力すべきではないか」と言われたことだったという。このような声は、消防や救急医療の現場では、消防行政を研究する私も何度も耳にしたことがある現場からの切実な声である。救急は、サービスの受け手の命に直結する行政分野で、それだけに救急に関わるものはみな訴訟リスクを常に抱えている。それに対し、国もそのようなデリケートな事案に対する法的な回答をある程度明確にし、随時検討は行っているが、そのいくつかに関しては更に検討が必要な物もあるように思われる。「それで問題が顕在化していないのは、そのような事案が実際には運よく数多くは発生しておらず、裁判所で争われた判例がまだ少ないから。そのようなリスクを常に抱えながら我々は業務をいつもこなしている。」といったような現場のボヤキも何度か耳にしたことがある。救急に携わる関係者は、みなそのような不安を常に抱えつつ日々救急業務を行っている。本書は、そのような救急関係者の法的側面からの不安

を解消することを目的に書かれているという点も、本著の社会的重要性を考える上から決して見落としてはいけない点であることは強調しておきたい。

小林悠太『分散化時代の政策調整　内閣府構想の展開と転回』（大阪大学出版会、2021年）

久　保　はるか

　行政の全体像や傾向、特徴を的確に示す研究は、さまざまな研究から参照される重要性をもつ。例えば、個別事例の分析において、そのような研究は、どのような文脈で議論をすればよいか考える指針となり、事例の位置づけを把握するための指標となる。それゆえに、このような研究には、どの要素を取り上げれば包括的な分析が可能かという勘所が問われるし、既存研究を網羅的にさらうことや実態を熟知していることが求められる困難さがあるだろう。

　本書は、「政府中枢の政策調整」に焦点を絞りながらも、行政官僚制の長期的トレンドを明らかにし、全体像を把握することに意識的に取り組む、重要かつ意欲的な研究だといえる。主な分析対象時期を2001年中央省庁再編以降とし、先行研究との整合性・連続性を意識した議論を展開することで、先行研究の更新を試みている。また、研究テーマは、政府中枢、政策調整、行政官僚制の三つの分野にまたがる。

　このような特徴を持つ本書の狙いは、「政府中枢の政策調整の機能」を把握することであり、「政策調整に力点を置いた制度設計」がなされた政府中枢が拡大していることの意味を、官邸主導とは異なる観点から、行政官僚制全体の文脈（長期的なトレンド）に位置付けて理解することである。

　まず第一章「政府中枢に関する理論的検討」で、既存研究に対する本研究の位置づけが示される。内閣府に関して、政官関係に関心が集まる一方で十分に検討されてこなかった行政官僚制からの研究が必要であること。行政官僚制それ自体も、縮減・弱体化が言われるなど変化しており、古いモデルに代わる新しいモデルが必要であること。政策調整に関する既存研究では、個別事例研究による知見の積み重ねがなされているが、政策分野をまたぐ知見の共有や共通の概念に基づく包括的分析の不足が指摘されており、それを埋めるための研究が必要であることが指摘される。このようにして、先に述べた本書の狙いが導き出され、それに適した題材として、内閣府の「特定総合調整機構」（その詳細は第三章）による政策調整に着目するとされる。

　第二章「省庁官僚制の長期的変容」の主たる問いは、行政官僚制の長期的な変化を知ることであり、そのために行政組織を構成するデモグラフィーの変化に着目するとされる。外部との関係性などの行政組織の作用面ではなく、客観的な数値に現れる組織の構成要素の変化に焦点を当てるものと言えよう。ここで明らかにされるのが、第一に、公共部門の拡充停止と新規採用の抑制にともなう高齢化により、管理職数を増加させてい

ることである。そして、第二に、近年に特有の行政機構上の傾向として、各省で省令室が増加傾向にあることを指摘し、それを「分散化」と特徴づけている。

「分散化」は、本書のタイトルに掲げられるキーワードであり、詳細に検討されている。まず、「局の変化」「課の変化」と、省令室数の増減の経年変化を分析した結果、省令室の増加と課の変化が連動していない、ということを明らかにしている。一般に、新たな政策課題に対して担当部署を新設する場合に、「課の室」を設けて将来の「課の変化」につなげる（拡充する）方法が取られることが知られているが、それとは異なる動きが見られたということである。なぜ省令室が増えているのかについては別途検証が必要であるが、まずは事実として示される。そして、官僚制の活動の基礎単位が課から室へと小さくなっていると捉え、「省庁官僚制の長期的変容」として「分散化」を特徴づけたのである。それでは、省庁官僚制の「分散化」に、政府中枢はどのように対応したのか、次章以降で検討を進めることとされる。

そこで、第三章「内閣府構想の展開と社会政策」である。内閣府は、中央省庁再編時の構想において、個別分野の政策調整という形で総合調整を行うことが想定された。その経緯を踏まえて本書が分析対象とするのが、内閣府に置かれ、本書で「特定総合調整機構」（内閣府で個別分野の政策調整を担う合議体で、具体的には、内閣府重要政策会議・内閣府特別会議・内閣府設置審議会がこれに含まれる）と括る組織である。

「特定総合調整機構」による「調整」には、「官庁セクショナリズム」への対処と「多機関連携」の促進という二面があるという。内閣府重要政策会議は前者であり、首相主導の政策調整の場となる。後者に合致するものとして本書が取り上げるのが、旧総務庁の「警察、司法行政との連絡調整」の役割を継承した「共生社会政策担当」の内閣府特別会議である。これらは、多機関連携の連絡調整に近い「総合調整」を担い、実施を現場に委ねるため、小さな資源で対応しうるがゆえに、新規の政策課題の吸収が容易であるとする。政府中枢が組織的にこのような柔構造を持つことと、省庁官僚制の側で「分散化」によって新規政策課題への対応に制約があることが相まって、政策統括官（共生社会政策担当）の組織が拡大したとされる。他方で、これらの内閣府特別会議は、全閣僚を委員とするような規模の大きな会議ではなく、小規模なものが多いといい、「拡大」と「小規模化」が特徴として示される。

第四章「内閣府の拡充と融解」では、事務局となる政策統括官組織の状況を、人事配置と予算使途の経年変化から分析する。内閣府の定員規模が維持される中、共生社会政策担当のように実施を省庁や現場に委ねる政策統括官組織では、併任が活用されている。第二期安倍政権では、併任が縮小する一方で、複数ポストを兼ねる併任が多くなるなど変化が見られる。そして、ここでは政府中枢と省庁官僚制の境界が薄れ、「融解」が生じているとする。次いで予算の使途の特徴を政策統括官組織ごとに比較すると、中核予算、組織的予算、プログラム的予算の比率が異なることが分かる。共生社会政策費の大部分を中核予算（委員手当や謝金等）が占め、専門知を外部から確保するための支出が多いことが推測される。

第五章「政策調整の構造分析」で検討する問いは、「なぜ政府中枢（内閣府）が特定分野の政策調整を吸収したのか」である。最初に、政策調整の全体像として、過去の行政改革において整理縮減の方針が出されてきた「共管法」に象徴されるような、従来型の省庁間の政策調整が、近年も維持・拡大傾向にあることが示される。しかし同時に、内閣府の「特定総合調整機構」も増加している。なぜか。内閣府共生社会政策担当について分析した結果言えるのは、共生社会政策のように、共管法が少なく従来型の政策調整に乗りづらいが、一方で政策統合の圧力（政策文書の策定や基本法の制定）がある政策分野では、政府中枢が「積極的に」省庁官僚制を補完したということである。それが「特定総合調整機構」の増加につながっているといるとされる。つまり、政策調整における内閣府の役割は、組織の柔構造を活かして、環境の変化にさらされる省庁官僚制の弱点を補うことにあるということであり、本書の問いに対する答えとなっている。内閣府拡充の背景について、政権が関心を寄せる政策を集めたという側面とは異なる、行政官僚制からの組織的要因を明らかにしたものといえよう。

　ここまで内閣府の分析がなされてきたが、最終章「内閣官房と政策調整会議」で検討されるのは、政策調整における内閣官房の役割であり、「政策調整会議」が分析対象とされる。本書でいう「政策調整会議」とは、要するに、複数の省庁にまたがる政策について、各省の官僚〜政務三役の様々なレベルの会議を官房長官ラインが取りまとめる形で政策調整がなされる会議体をいう（有識者のみの諮問機関は除く）。まず、多くの省庁にまたがるような、つまり首相が関与するような「全省的調整」よりも、関与府省数の少なく官房長官ラインで取りまとめる会議の比率が高まっていることが確認される。そして各省の関わる政策調整会議の分析から、2007年には官僚型の会議が多かったのに対して、2019年には全体的に政治家が関与する型への移行が見られ、政治化が進んでいることを指摘している。特に興味深いのが、局長級会議への官房長官ラインの政治家の関与が増加していることであり、「連絡会議」の「政治主導化」が見られる。

　内閣府との比較で言えば、官房長官参加型の政策調整会議は、内閣府政策統括官組織による「総合調整」よりも、安定している。それゆえに、長期政権化に伴って、内閣官房による政策調整の比重が高まっていることが指摘される。新しい政治主導の形と言えよう。

　以上が本書の概要である。本書の意義は、本書の掲げた狙いに適した題材、すなわち官邸主導とは異なる政策調整がなされ、かつ省庁官僚制との融合が見られる内閣府特別会議の共生社会政策担当に着目し、既存研究で十分に検討されてこなかった文脈を埋める研究を果たしたことにあろう。また、ここでは紹介しきれなかったが、豊富なデータから導き出される分析結果には有用な発見が多く見られ、読者は、そこから新たな問いや研究課題を見つけることができるだろう。

　読み進めながら様々な論点が頭をめぐる中で、検討の余地が残されているのではないかと思われた点について、指摘しておきたい。第一に、仮説にさらなる検証が必要な点である。例えば、実態として観察された「分散化」が官僚制にもたらす意味について

は、必ずしも明確に示されていない。NPM改革の結果、行政組織の断片化、専門分化が進み、その反作用として調整の必要性が言われるイギリスの文脈と比べて、省令室の増加はどのような意味を持つのか。組織の基礎単位が「分散化」しているのであれば、人的な専門分化や情報伝達コストの増加をもたらしているのか。それは本当に、新規政策課題への対応の制約要因となっているのか、検証の必要があるといえよう。

　第二に、本書が狙う政策調整の理論の構築に関して、本書で参照された政策統合と行政的調整との区別は、日本の文脈では相対的に捉えるべきであるように思われる。たしかに、本書が題材とした連絡調整型の総合調整は、組織間の行政的調整に分類されよう。他方で、政策統合は、環境政策において諸政策への環境配慮の埋め込みという観点から議論されることが多いように、問題解決を志向する概念ということができる。そう捉えると、内閣レベルの戦略文書や大綱などが、果たして政策統合のメルクマールとなるか疑問である。内閣の戦略に基づく政策文書が、セクショナリズムを残したまま各省の政策を束ねたに過ぎない場合も多く、そうなると、政策統合というより行政的調整の観点からの分析が適しているのではないだろうか。

　最後に、局長級連絡会議への長官官房ラインの関与・政治主導化は興味深い指摘であり、その影響について、事例分析によって明らかにする必要があるだろう。とはいえ、これらの指摘は、著者の膨大な情報・データを整理・分析する労力の結果があるからこそ見えてくる問いであり、研究課題である。本書は、包括的分析と個別事例分析との対話の土壌を作り、さらなる研究の展開を生む種をまくことにも成功したと言えるのではないか。

嶋田博子『職業としての官僚』（岩波書店、2022年）

前　田　貴　洋

　我々は職業としての官僚をどこまで理解しているのだろうか。学術的にも実態的にも不正確だが、政策過程を官僚が牛耳っているという官僚支配論は通念的には根強く息づいている。ブラック霞が関という言葉に象徴される官僚の勤務実態も今に始まったことではないが、ようやく市民の耳目を集めるに至っている。本書は、人事院で要職を歴任したのち研究者に転じた著者が、「官僚という職業をめぐる『実像』、『理念』、『達成の道筋』」を示すことを目的としている。

　以下、本書の概略をまとめておこう。第1章では、1986年と対比しつつ現在の官僚の働き方が描かれる。この35年間で官僚の働き方の枠組みと内容は大きく変化している。まず働き方は3つの方向性で変化している。第一に、民間との均衡強化である。給与や昇進は実績主義が強まり、職場内での多様性が高まるなど、世間の目に耐えうるよう変化している。第二に、公務の優遇廃止である。天下りや民間よりも有利な退職手当・年金の制度、雇用の安定性についても、官民格差が縮小している。第三は、民間以上の規制強化である。公務の特殊性から、国家公務員倫理法による規制や労働時間の上限特

例、幹部人事の統制が強化されている。こうした働き方の変化により政策形成の在り方は大きく変容した。小泉政権や第2次安倍政権を画期として、政策形成は官邸からのトップダウン型へ変化した。また、インターネットの普及や情報公開によって官庁の情報優位が低下しており、官僚の主体的な政策形成が難しくなっているという。

　続く2章の内容は公務員制度改革とその効果である。橋本内閣以降、公務員制度改革が本格的に検討され始め、その後の小泉内閣では、政治主導とは逆行する各省への人事の分権化を志向していた公務員制度改革大綱が批判を呼び、期せずして自律的労使関係確立が争点化したものの、実現には至らなかった。そこで第1次安倍内閣から麻生政権までは、新たな人事評価制度の導入と再就職規制の見直しなど、官民均衡に向けた改革が進められただけでなく、改革機運の高まりを受けて、多様な論点を含む国家公務員制度改革基本法が成立し、改革に一定の方向性が与えられた。民主党政権においても改革の方向性が継承されたが、幹部人事の一元管理と内閣人事局創設に特化する形で改革が一応の決着を見たのは、第2次安倍内閣であった。こうした平成期公務員制度改革は、官僚人事に対する政治強化によって官邸主導が確立し、大きな制度改革や迅速な政策対応を可能にした一方、政官関係の透明化されず、官僚が政治家の家臣へと回帰する事態を招いたのである。

　上述の改革の方向性と政官関係の位置づけをまとめれば、各省は人事の規制緩和・分権化（ベクトルⅠ）、政権は各省人事の集権化（ベクトルⅡ）、労働組合は自律的労使関係確立（ベクトルⅢ）を望んだが、実際に実現したのはベクトルⅡであった。また、政策への関与度は高いが政治からの自律性が低く、政府に対して従属しているという意味での中立性が、目指すべき政官関係であった。

　第3章は米英独仏の官僚の実態から日本に対する示唆を得ようとする。第一に、4カ国の任用体系は、内部育成型（独仏）か開放型（英米）か、成績主義貫徹型（英独）か政治任用多用型（米）かという二軸で分類できるが、職業公務員以外の政治任用を多用するのは米国のみである。第二に、人事の恣意性を排除する仕組みは、官僚の自律性を重んじる独仏と、独立した第三者機関を設ける英米とに分けられる。第三に、処遇や働き方については、英米では上位ポストの官民格差により人材確保に苦慮しているものの、退職後の保障を手厚くしており、一部を除いて無定量の恒常的残業も見られない。

　そこから翻って日本の特徴は、第一に、牽制不在の政治的応答の突出である。幹部人事が一元化されているが、第三者機関、政権交代や司法府による牽制を欠いている。第二に、官僚の無定量な働きへの依存である。政官の役割分担が不明確で、官僚に過剰な期待が寄せられる一方、増員や業務削減ではなく、官僚への統制強化により献身を要求している。第三に、人事一任慣行による萎縮である。当局主導の人事配置は決定権者への忖度が生じやすく、その上幹部人事を一元化したため、政権に対する忖度が生じているのである。

　前章の4カ国でも様々な改革が行われてきたが、その成果は学ぶべき成功例とは言い難いため、第4章では、官僚制の理論という先人の知恵を借りながら、官僚制のあるべき姿を考察している。政治家と対比される官僚は、担うべき責任において決定的に異な

る。つまり、政治家が価値判断による結果責任を負うのに対して、感情を排除し上位者の命令に服しながら正確に職務を遂行するのが官僚の規律である。他方こうした民主主義の合理的帰結である官僚制も非能率性を孕むため、その是正に向けて、企業経営との共通性に着目したアプローチ、あるいは民主的統制のもとに置かれる行政の特殊性に鑑みて、政治家がいかに官僚を統制すべきかなどについて多様な議論が行われてきた。他方近年は改革されるべきは官僚だけなのか、あるいは改革の実行可能性を問いかける官僚論も唱えられている。

こうした官僚制論からは以下の点が示唆される。第一に、政官関係・労働市場双方への目配りである。特定の側面に目を向けるだけでなく、政治と社会双方に目を向けながら、官僚制の在り方を考えなければならない。第二に、生身の人間への視点である。官僚も感情を持つ生身の人間であり、改革を我が事として捉えることが重要である。第三に、政治丸投げに代わる日常的関与である。国民の利益に奉仕する官僚制の実現には、選挙の機会以外にも、日々政官関係のバランス維持に国民が関与すべきである。第四に、限られた資源の直視である。行政資源の制約下では業務の取捨選択や相応の人員配置が必要となる。結びでは、職員の語りを交えながら官僚が支えとする理念について論じられている。そこでは、人のため、公正で長期的な視点から、実践的に良き社会づくりに貢献する「臨床医」という官僚像が浮かび上がる。こうした官僚たちを支えるのは、彼／女らの「心」のみならず、我々国民一人一人の辛抱強い関わりに他ならない。

本書の概要は以上となるが、その意義と特徴として以下の点が挙げられる。第一に本書最大の意義は、職業としての官僚というテーマを読者に対して分かりやすく包括的に伝えている点にある。実態や制度改革の記述も見通し良く整理されており、過去と対比によって、現在までの変化をより鮮明に理解することができるなど、著者の専門性がいかんなく発揮されている。さらに、随時織り込まれる幹部職員へのインタビューは、近年の霞が関の変化を確かに物語っており、官僚たちの職務に対する優れた心情表現足りえている。

第二に、幅広い学術的議論への目配せも見逃すことが出来ない。一般読者が官僚制に関する諸外国の学術的議論に接する機会は希少である。こうした学術的議論と官僚が抱える課題について、実務的観点からあるべき官僚像を取り結ぼうとしている点は、人事院官僚の面目躍如であろう。

したがって第三に、本書は優れて人事院官僚論としての特徴を持つ。行政学者にとっては、本書が『職業としての官僚』というタイトルであったとしても特に違和感はない。だが他府省の官僚が執筆を行ったとすれば、恐らくはより具体的な政策形成における官僚の役割に即した体験的な著作となるのではないか。また、そうであれば、公務員制度に焦点をあて、中立性を軸に官僚のあるべき姿を考察した本書は、まさに第三者機関として人事行政を担う人事院官僚の志向性を表していると言えよう。

上述のように本書の意義は疑いないが、評者として以下の点を指摘しておきたい。第一は、随所に示されるインタビューについてである。個々の内容については興味深い

が、やや羅列的である。そのためインタビュー内容が、各省あるいは対象者の認識に起因するのか、霞が関全体としての傾向なのか判別しづらい。くわえて、官邸主導などに対する認識は各省において異なるのか、なども興味がそそられるところである。

　第二に、第4章における官僚制論の位置づけである。新書媒体という制約はあるものの、例えばG・ヒューバーの議論の扱いはやや気になる。確かに彼は政治的支持の弱い米国労働安全衛生庁が執行水準を調整することで組織の維持を図ったと主張しているが、この調整は、労働衛生分野の軽視と罰則適用における零細企業・大企業の見逃しによって行われており、労働者保護を貫いた公益志向の官僚制の在り方ではない。また、官僚を生身の人間として捉えるべきとするならば、政官関係の議論だけではなく、行政学で蓄積のある官僚の就業意欲に関するPublic　Service　Motivationにも言及すべきであろう。

　第三に、あるべき官僚を実現する方途についてである。個別具体的な制度的提言が明示的に行われている訳ではないが、各国との比較が行われた第3章には制度的提言の示唆がある。例えば、官僚の職責を明確化するための職務記述書の作成は注目に値する。だがこうした対策が、他律的業務による恒常的長時間労働や主要ポスト人事の透明性確保にどれほど資するのだろうか。国会対応を念頭に置く他律的業務については、公務員制度ではなく国会対応業務自体の規律の問題である。また、ホワイトカラーである官僚の職務記述書の内容は抽象的なものになりうるため、適格性の審査を行ったとて、どの程度人事の透明化に貢献するだろうか。

　もちろんこうした指摘は書評のための些末なものに過ぎない。官僚の実態を理解し、そのあるべき姿について考えるきっかけとして、本書が数多くの人の手にわたることを願っている。

新藤宗幸『権力にゆがむ専門知——専門家はどう統制されてきたのか』（朝日新聞出版、2021年）、同『新自由主義にゆがむ公共政策——生活者のための政治とは何か』（朝日新聞出版、2020年）

伊　藤　正　次

　この書評では、2022年3月に逝去した新藤宗幸顧問が晩年に上梓した2つの著作、『権力にゆがむ専門知』および『新自由主義にゆがむ公共政策』（以下、それぞれ『専門知』、『公共政策』と略記）を取り上げる。各著作の内容を紹介して論評するというよりも、両著に示された著者の主張や思考の特徴を捉えることによって、「新藤行政学」の全体像を明らかにするための糸口を探ることを試みたい。

　著者は、日本の政治・行政・地方自治に関する多数の著作を刊行した。その主題は多岐にわたるが、キャリア事務官（著者のいう「法制官僚」）や一般行政職員とは異なる専門知識・能力をもつ行政官・職員に着目し、その権力構造を探る研究が、一つの柱を

成してきた。『技術官僚』（岩波新書、2002年）や『司法官僚』（岩波新書、2009年）、『教育委員会』（岩波新書、2013年）といった著作は、その代表例であろう。『専門知』は、これらの系譜を引き継ぐ著作である。ただし、『公共政策』とあわせて検討すると、著者のアプローチや主張は、これまでの著作と共通している部分に加えて、変化している部分もあることが浮かび上がる。

　第1に、政策・制度の具体例を分析しながら、政府の権力構造を批判的に論評するという手法は、これまでの著作と共通している。著者は、『専門知』では、原子力安全規制、新型コロナウイルス感染症対策、介護保険制度、司法制度改革、『公共政策』では、教育政策、生活保護、労働規制、医療制度、住宅政策、地方創生といった分野を取り上げ、とくに第2次安倍政権・菅政権と各分野の専門家の関係や、両政権が進めた政策・制度改革を批判的に分析していく。

　こうした個別の政策・制度を対象とするのは、「日々の生活に密着する政策や行動に関心を注ぐ」ことによって「政治や政策の『公共性』の実像が鮮明となり、新しい政治の選択肢を描くことができる」（『公共政策』、19頁）という著者の判断に基づいている。著者は、日常生活に関わる政策・制度を詳細かつ幅広く見渡すことを通じて、政権の政治指向を読み解いていく。著者の作品は、こうした帰納的なアプローチによって特徴づけられるのである。

　第2に、著者は、第2次安倍政権・菅政権の政治指向を「新自由主義」と「国家主義」と捉え、それに対する批判的な立場を鮮明にしているが、こうした立場は、著者の研究・評論活動の初期から一貫している。著者は、第2次臨時行政調査会を活用して三公社の民営化に代表される「新自由主義」的改革を追求するとともに、いわゆる靖国懇（閣僚の靖国神社参拝問題に関する懇談会）のような私的諮問機関を多用して「国家主義」を指向した中曽根政権を、「政治権力と専門知の関係の転機」と位置づける。すなわち、「中曽根政権が試行した政権による専門知の取り込み──逆にいうならば、専門知の政権への『迎合』」が、第2次安倍政権・菅政権によって「常態化」したと評価するのである（『専門知』、79頁）。

　翻れば、著者の研究・評論活動の最初期に刊行された『行政改革と現代政治』（岩波書店、1986年）は、内閣官房の再編や私的諮問機関の活用等を通じて「首相の官僚制」の形成を試みた中曽根政権の政治を「執政府政治」と捉えて批判的に検討するとともに、臨調型行革が中央地方関係に与える影響について検討した著作であった。以来、右派的な政権による政策・制度改革を批判的に分析する著作を刊行してきた著者の研究・評論活動は、「新自由主義」・「国家主義」との闘いであったといえる。『専門知』と『公共政策』は、こうした著者の研究・評論活動の延長線上に位置づけられるのである。

　これに対し第3に、『専門知』と『公共政策』には、これまで著者が行ってきた、専門知識・能力をもつ公務員集団の研究とは異なるニュアンスが込められている。著者の従来の研究では、技官や裁判官、教育行政職員の閉鎖性と独善性が批判的に捉えられて

きた。しかし、いわゆる「原子力ムラ」が閉鎖性をもつと同時に政権・規制官庁と癒着してきた側面を強調し、原子力規制委員会の独立性・中立性に疑問を投げかけた『原子力規制委員会』（岩波新書、2017年）と同様に、『専門知』では、第2次安倍政権・菅政権が「有識者会議」を濫設し、首相が掲げる政策課題に即した専門知の「取り込み」を図る実態が描かれる。

すなわち、著者は、内閣人事局を設置して幹部公務員の人事統制を強化した第2次安倍政権の下では、「首相の官僚制」が形成され、首相への「忖度」に走った官僚制の「劣化」が進んだ点を強調する。また、著者によれば、第2次安倍政権は、自らの政治指向に親和的な専門家を招集して有識者会議を設置し、専門知の装いの下にイデオロギー色の強い政策を実現していった。同時に、著者は、政権にすり寄り、おもねる専門家に対しても痛烈な批判を加えている。たとえば、集団的自衛権の行使を認めた安保法制懇（安全保障の法的基盤の再構築に関する懇談会）の報告書については、「過去の歴史を省みることのない専門知による政治権力への翼賛そのもの」と手厳しい（『専門知』、86頁）。

このように、かつての著作では、専門性をもつ公務員集団と外部専門家で構成されるコミュニティの閉鎖性・独善性を指摘することに力点が置かれていた。しかし、『専門知』と『公共政策』では、むしろ政権による専門家の「取り込み」と専門家の「迎合」が強調されているのである。

著者が主張するように、「新自由主義」と「国家主義」を標榜する政治権力によって公共政策と専門知がゆがめられたとするならば、その「ゆがみ」を正す途はあるのだろうか。著者は、大きく2つの方向で処方箋を提示している。

第1は、政権と専門家の緊張関係を構築することである。著者は、専門知には「市民の感性」をもとにして科学的知見を磨いていくことが求められると述べた上で（『専門知』、168頁）、専門知を担う科学者には、「人権、福祉、公正、公平といった普遍的価値に照らして現実の構造を分析し、問題点を発見していく」姿勢を要求する（『専門知』、234頁）。同時に、政治家には、「科学的マインド」、すなわち「市民の生活に端を発する疑問や批判の本質を見極める眼」をもち、それに基づいて政策案を提起していくことを求めている（『専門知』、238頁）。

専門家は、「市民の感性」と「普遍的価値」に配慮しつつ「科学的リテラシーに欠ける政治」に対抗する。政治家は、「科学的マインド」を磨き、反知性的な動きを抑制する。こうして専門家と政治家の健全な緊張関係を築くことによって、「政治主導の名のもとの官邸への権力集中とご都合主義的な非科学的な政策に、ピリオドを打つことができる」という（『専門知』、238頁）。

第2は、政治・行政システムの分節化である。「官邸主導」に対抗するため、著者は、行政委員会制度の再構築、行政組織を横断する常任委員会の設置を中心とする国会改革、中央政府への市民監査請求制度の創設など、内閣への権力集中を抑制する制度改革構想を提起している。このうち、行政委員会制度の再構築では、内閣府設置法第49条・国家行政組織法第3条に基づく委員会では内閣からの独立性が十分とはいえないた

め、たとえば原子力規制や公文書管理に関する機関を内閣の「所轄」に基づく合議体、すなわち人事院と同様の合議体に再編することを提唱している（『公共政策』、232〜238頁、『原子力規制委員会』、209〜210頁、『官僚制と公文書』［ちくま新書、2019年］、240〜242頁）。

　これらの処方箋が実効的であるのかどうかは、議論の余地があるだろう。たとえば、反ワクチン運動や原発の処理水の海洋放出に反対する意見は、「市民の感性」と親和的な側面があるといえないだろうか。これらの運動や意見は、反知性主義と無縁であろうか。内閣への権力集中を牽制するための「人事院モデル」にしても、構成員の任免権を内閣がもつ以上、その独立性が保障される余地は必ずしも大きくないのではないか（拙稿「合議制行政組織における政策論議の健全性」『年報行政研究54』、2019年、35頁）。

　さらに、より根源的には、第2次安倍政権・菅政権の政治指向を「新自由主義」・「国家主義」と概括的に捉えることは妥当なのかという問題がある。とくに第2次安倍政権について、「新自由主義」と「国家主義」を指向した政権と位置づけて批判を加えることは、同政権に関する近年の実証研究（竹中治堅編『二つの政権交代』勁草書房、2017年、アジア・パシフィック・イニシアティブ『検証　安倍政権』文春新書、2022年など）の成果に鑑みるとき、単純化の誹りを免れないのではないか。

　こうした疑問が湧くことからも察せられるように、評者は、日本の政治・行政に対する著者の評価や政治的スタンスを必ずしも共有するものではない。しかし、縁あって大学院生時代から著者の謦咳に接する機会を得た評者は、日本官僚制の権力構造を個別の政策・制度に分け入って帰納的に解明する著者の姿勢に、少なからぬ影響を受けてきた。

　先の疑問をもし生前の著者に投げかけたとしたら、「そんなこというけどさあ」と呆れ顔で返しながら、政権がいかに巧妙に専門知を動員しているか、政権に迎合する専門家がいかに多いことか、専門知を操る政権の偽善と欺瞞がいかに「市民的公共性」を掘り崩しているかを、怒りと憤りを込めて語ってくれたかもしれない。

　こうした著者の怒りと憤りを伺う機会は永遠に喪われてしまった。日本の政治・行政・地方自治の課題を縦横無尽に論じ、その成果を陸続と世に問うてきた著者は、行政学研究者としては不世出の存在である。多彩な著作で構成され、『公共政策』と『専門知』を一つの終着点とする「新藤行政学」の構造を解明するという課題は、評者を含む後進に課せられている。

米岡秀眞『知事と政策変化　財政状況がもたらす変容』（勁草書房、2022年）

池　田　　　峻

　本書は、都道府県における知事の出身属性や政治的属性が、どのような財政上の政策

変化をもたらすのかを主題として、定量的な実証分析を行った研究である。中央官僚の出向や官僚出身知事に関心を寄せる行政学と、地方財政に関する実証分析を蓄積してきた財政学とを架橋し、知事の出身属性および政治的属性に焦点を当てて、その規定要因と帰結を包括的かつ体系的に明らかにした本書は、日本における地方自治や政府間関係論の議論に大きな示唆を与えるものといえるだろう。また、日本の行政学や財政学において十分に用いられてこなかったマルチレベル分析の理論的・実証的な重要性を明瞭に指摘しており、方法論上の意義も大きい。以下では、本書の内容を要約したあと、残された疑問点を述べる。

　まず、本書の主たる関心であるところの中央官僚出身知事は、そもそもどのような形で成立しているのだろうか。第1章では、知事の出身属性と政治的属性がどのような要因によって規定されるのかを分析している。現職が立候補しない新人のみの知事選挙では、国への財政依存度が高い地域において、国政与党からの支援を受けるときに、中央官僚出身の候補者が擁立されやすいのに対して、現職が立候補する2期目以降の知事選挙からは、中央官僚出身の候補者に対して国政与党と対抗政党の相乗り化が進行する。また、国政与党から支援を受けた現職の中央官僚出身候補者の当選確率が最も高いことも明らかとなった。中央官僚出身知事は、財政状況の良くない地域において新人としてデビューし、その後は現職として相乗り化も進行することで、再選確率も上昇してゆくのである。

　では、財政状況の改善を期待されて当選した中央官僚出身知事は、本当に有権者の期待に応えることができるのだろうか。第2章では、知事の属性が財政規律に影響を及ぼすのかどうかが分析される。その問いを検証するための前提として、2000年の前後を境に公共投資から財政再建へという国レベルの方針転換があったことで、都道府県全体において公共投資（投資的経費）が削減され、財政規律がもたらされた（基礎的財政赤字が減少した）ことが示される。その上で、1991〜2015年の都道府県パネルデータを用いた分析によって、国レベルの政策変化により呼応しやすいと考えられる中央官僚出身知事が治める都道府県では、上記の傾向がさらに強く観察されることが明らかになった。加えて興味深いのは、国が推し進める財政規律付けに最も親和性が高いと思われる総務省出身知事だけでなく、むしろそれ以上に、他省庁出身知事のほうが公共投資を多く削減し、財政規律をもたらしているという分析結果である。2000年以降、総じて中央官僚出身知事は、国レベルの政策転換に応答する形で、期待通りに財政状況の改善を果たしてきた。

　しかし、いくら中央官僚出身知事が財政規律を志向するからといって、知事個人の選好だけでは思い通りの財政政策が実現するとは限らない。第3章と第4章では、知事を支える公務員組織の人事戦略に注目して、知事の属性と中央官僚の出向人事の関係が明らかにされる。第3章の分析によれば、①知事が中央官僚出身であり、②財政力指数が低く、③幹部登用の適齢期にある経験年数30年以上の大卒職員数が少ない都道府県ほど、中央官僚の出向人事の受け入れ総数が多くなるという。中央官僚出身知事が、財政状況の改善を目指し戦略的に中央官僚の出向を受け入れている様子が推察される。これ

に加えて第4章では、中央官僚の出向人事の総数だけでなく、財政政策に直接関与する総務部長ポストに焦点を当てて追加の分析を行なっている。分析の結果、知事が中央官僚出身である方が総務部長ポストに中央官僚出身者が登用されやすく、また知事が中央官僚出身であると同時に総務部長も中央官僚出身者であるという組み合わせの場合に、最も大きく基礎的財政赤字が削減されることが明らかとなった。財政赤字を削減したい中央官僚出身知事は、同様の政策選好を持つと判断できるようなシグナルを発している中央官僚出身者を総務部長に登用し、その結果として実際に財政状況が改善するのである。

　以上の第Ⅰ部では、それぞれの都道府県における知事の属性に注目し、その規定要因と帰結を詳細に明らかにしてきた。すなわち、第Ⅰ部までの分析では、各都道府県が独立した存在として仮定されていたわけだが、先行研究の指摘を踏まえると、ある都道府県の政策変化が他の都道府県やその都道府県内の市区町村の政策のあり方に影響を及ぼす可能性もありうる。そこで、続く第Ⅱ部では、こうした都道府県間の水平的な参照行動と、都道府県から市区町村への垂直的な影響力に焦点を当てて、マルチレベル分析が行われる。ここでは、具体的な財政政策の一つとして、地方公務員の給与抑制が取り上げられている。

　まず、第5章では、都道府県間の水平的な参照行動を検討している。都道府県が地方公務員の給与水準を決定するに際して、同一団体区分に属する他の都道府県の給与水準を参照している可能性は十分に考えられる。また、財政規律を重視する中央官僚出身知事は、地方財政における最大の歳出項目である人件費を抑制しようとするのではないかという予測も成り立つ。2000～2012年のデータを用いてマルチレベル分析を行った結果、前年の都道府県全体のラスパイレス指数の平均値が低いほど、また知事が中央官僚出身者である場合に、当年のラスパイレス指数が低い傾向があることがわかった。さらに、東日本大震災に伴い国（自民党政権）からの給与減額要請が行われた2013年のデータを対象とした分析からは、上記の分析結果に加えて、自民党から支援を受けた知事の方が国からの要請に反応しやすく、結果としてラスパイレス指数が低い傾向があることも明らかとなった。知事は出身属性に基づく政策選好に沿いつつ、他の都道府県の出方も窺いながら、地方公務員の給与水準を決定していることがわかる。

　次に、第6章と第7章では、都道府県から市区町村への垂直的な影響力を分析する。2013年の給与減額要請は市区町村レベルにまで及んだが、その対応状況の差異は非常に大きく、規定要因を探る必要がある。制度上も市町村は都道府県の給与水準を参照することが予定されていることからも、都道府県から市区町村への垂直的な影響力が存在すると考えられる。第6章の主たる結果として、各市区町村の2013年4月1日から同年7月1日にかけてのラスパイレス指数の変化は、それぞれの市区町村が属する都道府県の同期間におけるラスパイレス指数の変化に、影響を受けることが示されている。また、第7章の分析では、知事と市区町村長の両方が自民党の支援を受けている場合、自民党への政権交代後に給与水準が特に低下することも明らかにされる。国、都道府県、市区町村の3レベルの長の政治的属性が一致したとき、大きな垂直的影響力が存在している

と解釈することができるだろう。

　以上のような実証分析を通して本書が描き出したのは、地方の財政状況の改善を期待された中央官僚出身知事が、組織の人事や給与水準を戦略的に決定しながら、他の都道府県や市区町村にまで影響を及ぼし、地方の財政政策を形作っている姿である。こうした体系的な実証分析が行政学・財政学の水準を高めるものであることは間違いないが、いくつかの疑問点も残されていると思われる。

　第一に、本書の知見はどの程度まで統計的な因果効果として解釈できるのかという点である。本書は、事例分析アプローチを多用する行政学の先行研究を批判し、因果関係を導出するために定量的分析を行うと述べており（p. 4）、特に第Ⅱ部では、2013年に行われた地方公務員給与の減額措置が東日本大震災という外生的なショックによりもたらされた政策変化であり、いわゆる自然実験に類似した状況であるとしている（p. 102）。しかし、給与減額要請が外生的ショックであるとしても、そのことが、第Ⅱ部の主題である都道府県間の水平的な参照行動や都道府県から市区町村への垂直的な影響力に関して、どのような形で因果効果の推定に寄与しているのかは、必ずしも明らかではない。読者は各章の知見を因果として解釈できるのか、相関として解釈すべきなのか、筆者の見解を述べる必要があるのではないだろうか。

　第二に、市区町村から都道府県へという方向の影響力はありうるのかという点である。中央政府・都道府県・市区町村の相互関係を示した図Ⅱ—1（P.101）では、中央政府から都道府県への影響関係が一方通行の矢印で示されているのに対し、都道府県と市区町村の影響関係は双方向の矢印で表現されている。本書で分析されたのは都道府県から市区町村への一方的な影響関係であるが、その逆方向の影響関係も理論的・実証的に検討しうるのだろうか。また、もし検討できるとすると、マルチレベル分析ではない通常の回帰分析で想定されるような内生性の問題が生じるようにも思われるが、そうした問題はマルチレベル分析でも考慮する必要があるのだろうか。ただし、第Ⅱ部で取り上げた給与抑制という政策であれば、都道府県から市区町村へという一方向の影響だけを考えればよいようにも思われるので、今後異なる種類の政策にまで議論を拡張する場合に生じうる課題かもしれない。本書のマルチレベル分析が今後どのような方向に発展してゆくのか、その見通しを示されたい。

　こうした疑問も残るものの、それらはいずれも新たな研究の可能性を示唆するものであって、その意味でも本書が長きにわたり参照される好著であることには疑いの余地がない。

渡邉有希乃『競争入札は合理的か　公共事業をめぐる行政運営の検証』
（勁草書房、2022年）

山　田　　　健

　政治腐敗につながる官製談合には問題があり、その発生を防ぐためには競争が求めら

れる。このような考え方は、社会一般に受容されている。

これに対して、本書は「競争入札は合理的か」という表題を掲げる点で刺激的である。帯に「競争さえ確保すれば、安く良質な公共事業を実現できるのか」と記載された本書は、手に取る者の認識を揺さぶる一冊と言えるであろう。

しかし、刺激的な問いかけとは裏腹に、本書の筆致は冷静である。むしろ、本書は印象論に陥りかねない競争入札というテーマについて行政学の立場から論理的に向き合っている。その特長は、競争肯定的な立場から批判されてきた入札制度の制限規定について、用いられる以上は何らかの存在意義があると考え、限定合理性（bounded rationality）の概念を手がかりに、アンケート調査や計量分析を用いながら読み解く点にある。

章構成は、前半3章（第1章～第3章）で総論的に競争入札へ迫り、後半3章（第4章～第6章）で個別の制度に焦点を当て各論的に競争入札へ迫るものとなっている。

第1章では、競争入札をめぐる制度配置について概観している。明治期の会計法では、予定価格制・一般競争入札・最低価格落札の原則が成立していたにもかかわらず、不良業者の新規参入や入札妨害が頻発したため、指名競争入札を中心に運用されることとなった。結果、工事を担う業者は限定的になり、ある種の特権的存在と化し、政界・業界の癒着も生じた。その問題性が汚職事件として明るみになり、閉鎖的な競争環境の改善が目指され、一般競争入札へ原点回帰することとなった。他方、工事品質への懸念から、非価格的要素をも加味して事業選定を行う総合評価落札方式が構想され、競争制限的な形で制度が形成・運用されるに至った。

一連の経緯をふまえ、著者は「競争原理と矛盾した制度設計・競争制限的な制度運用は、政府による工事調達の活動においてどのような合理性を持つのか」という問いを導出している（19頁）。すなわち、「なぜ競争制限的な制度の形成・運用が為されるのか」という問いを見出している。

第2章では、先行研究がこの問いを十分に説明するには至っていないことを確認している。著者は、レントシーキングや経済性を中心に分析し、焦点が土木建築部門の部分的利益の追求に限定されていた点に先行研究の課題があったと指摘する。そして、サイモンの限定合理性概念に依拠しつつ、「既存の制度は、目標追求にかかる複雑で困難な意思決定の克服を、いかにして支えているのか」という視角を設定している（51頁）。

第3章では、先行研究の課題に対応した視角のもと、分析枠組みを提示している。その着眼点は、目標追求にかかる複雑さや困難さのうち、とくに事業者選定をめぐる取引費用にある。時間的な制限や行政資源の制約がある中で、行政組織は、低価格・高品質の追求に貢献しうる受注者を、無数に存在する工事事業者の中から選び出さなければならない。しかも、低価格・高品質という価値はトレードオフになる傾向にあり、双方とも満たすためには上手く落とし所を見つけなければならない。かといって、行政組織自らが工事をすることは現在では考えにくく、事業者に工事を委ねざるをえない。一連の取引費用に直面した行政組織が一定程度の事業をさばくためには、取引費用を低減する

ことが求められる。この点をふまえて、本書は「『現実上の行政組織は、この残された情報コストにどのようにして対処しているのか』という観点」を打ち出す（63頁）。

　第4章では、この観点から、競争入札での落札価格について、上限・下限の双方が設定されていることを分析している。具体的には、予定価格制（上限）に加えて、最低制限価格制と低入札価格調査制から構成される「ローアーリミット」（下限）が付された競争制限に焦点を当て、「落札価格に上下限基準を設ける運用は、行政組織による工事事業者選定の過程を『満足化』の方法に従ったものにすることを促し、適切な価格・品質水準を追求することにかかる情報コストを削減する」（74頁）仮説を見出している。そして、仮説について、実務担当者へのアンケート調査によって、妥当性を確認している。

　ただし、予定価格やローアーリミットのような基準価格を設定するにも手間はかかる。また、競争価格が基準を満たさない場合には、再入札や追加的な調査が求められる。

　この種の取引費用を低減するものとして、著者は応札数が抑制されていることに着目する。第5章では、事業者の施工能力を格付けし、それをもとに参入要件を設定する「ランク制」が機能し、その上で価格基準を満たす事業者を発見する形で競争入札が運用されているために、実務担当者の作業負担が軽減されている可能性を指摘する。そして、この点について、国の出先機関が発注した工事のデータを計量的に分析することで実証している。

　また、予定価格制に一元化された上限設定とは対照的に、ローアーリミットが二つの制度的選択肢から成立していることにも着目する。二つの選択肢が用意されていることは、選択肢を検討する手間がかかるということである。第6章では、地方自治体が二つの制度をいかに使い分け、取引費用の低減につながっているのかを分析している。具体的には、地方自治体の制度運用規定のデータを計量的に分析し、金額規模が大きな案件には低入札価格調査制を用いる一方で、小さな案件には最低制限価格制を用いていることを実証した。加えて、その判断を分ける金額規模の閾値が発注者の行政資源によって左右されることもあわせて実証した。このような使い分けを通じて、地方自治体はそれぞれの能力に応じて作業負担を軽減していると考えられる。

　一連の分析をふまえ、本書は終章にて「競争原理と矛盾した制度設計・競争制限的な制度運用は、事業者選定にかかる情報コストの削減を通じて低価格・高品質の両立的追求に貢献し、公共工事調達に関する行政運営上の合理性を高めている」と結論づける（151頁）。

　制度上の制約がある中で、行政資源をやりくりしながら、公共工事を実行に移していく。本書で描かれる官僚制の様子は、行政学が制度・管理・政策の三つの視点から迫ってきたものである。その意味で、本書は行政学の核心を突くような議論を展開している。

　また、行政活動を計量的に分析する一方、著者は随所で実務担当者の立場に立つこと

を心がけている。すなわち、計量分析を机上の空論としないことに気を配っている点で評価しうる。競争制限の合理的運用という一見すると反直感的な現象について、工夫を凝らして実証分析を試みている点で、本書の価値は高い。

　内容の興味深さゆえに、さらなる関心を惹起された点が三点ある。

　第一に、合理的な制度運用下で実施された公共工事は、果たして本当に高品質なのか。本書によれば、競争制限的な制度が形成・運用されることで、公共工事では低価格・高品質の双方が追求されてきた。そうであるとすれば、日本の公共工事は理想的な形で遂行されてきたと言えよう。しかし、現実には公共工事をめぐる様々な問題が顕在化している。たとえば、道路陥没など公共工事における事故が各地で散見される。この種の事例では、競争制限による品質保証が十分に機能しているとは考えがたい。また、行政の積算ミスが報じられることも少なくない。この点をふまえれば、競争制限によって実務担当者の作業負担が低減していたとしても、それが高品質につながっているとは必ずしも言えない。加えて、統計不正問題も看過しえない。公共工事の所管官庁である国土交通省が自省の情報資源を適切に管理し、業界を適切に統制しているかは、疑問の余地がありうる。本書の副題は「行政運営の検証」である。一連の問題についても論及されれば、本書の狙いはより高度に達成しえたと考えられる。

　第二に、制度運用の在り方は、長期的な取引費用を低減することにも成功しているか。先行研究では、競争入札は「大手企業が入札で指名を獲得することが多い」ため、「地元企業を育成することにつながらない」可能性が指摘されている（武智秀之「多次元ガバナンスの構造」経済学論纂58巻3・4号）。地元企業の衰退は、事業者選定の余地を狭めるとともに、地域社会や公共サービスを弱体化させる恐れもある。この種の競争入札の弊害が競争制限によって抑制されているのかも論点となりうる。他方、競争制限が実効的に機能しない可能性も報じられている。2016年度の北海道開発局所管の公共工事では、入札後に局と落札業者との協議で契約内容を変更し、その工費が本来の上限を上回った事例が110件あったという（『北海道新聞』2017年12月31日）。この種の慣行が定着すれば、競争制限の効果は損なわれるであろう。

　第三に、本書の知見はより広い文脈に位置付けられないか。本書は、あくまでも公共調達を主眼に据えている。しかし、その内容は公共調達にとどまらない可能性を秘めているように見受けられる。たとえば、安易な規制緩和と自由競争の促進が問題含みであることを論じる点で、本書の知見はレッドテープやNPMをめぐる研究動向とも重なるところがある。また、行政組織の情報資源管理を論じる点で、本書の知見は制度論のみならず管理論にも示唆を与えうる。著者は謙抑的に議論を展開しているが、本書の延長線上には豊かな世界が広がっているはずである。

　学会デビュー（188頁）、博士論文公刊（本書そのもの）、テニュア獲得…。評者にとって著者は、常に先を行く同期である。その姿に評者は大いに触発されてきた。今後も著者が同世代を牽引する存在であり続けることを心より願っている。著者の背中に学びながら、評者もまた成長していきたい。

<＜訃報＞

堀江正弘顧問のご逝去

　日本行政学会の理事、国際交流委員長を務められ、とくに国際交流関係において大きな貢献をされた堀江正弘氏が、昨年（2022年）3月に逝去されました。享年74歳でした。

　氏は、大学卒業後、行政管理庁に入庁され、実務の道を進まれましたが、特定の行政分野でなく、行政全般に関わる行政監察、行政改革などの仕事を望んで同庁を選ばれたようです。入庁後しばらくして、政府の長期在外研究制度により、アメリカのシラキュース大学（マクスウェル行政大学院、行政学修士）、イエール大学に留学され、行政学、公共政策について学ばれました。帰国後、1978年に国家行政組織法制定30周年事業として行われた国際シンポジウムの企画、実施を担われました。アメリカからドワイト・ワルドー、イギリスからネヴィル・ジョンソン、フランスからミッシェル・クロージェ、の各氏を呼び、国内の主要な行政学者を集め、「現代行政における変化と対応」と題したシンポジウムでしたが、若年の堀江氏が身体のことを顧みず、充実した表情で、中心的に活動されていたのを間近に見ていて、その活躍ぶりに驚きました。

　氏は、行政管理庁（のちに総務庁、総務省）で、行政監察局（現在、行政評価局）、行政管理局、長官官房などの諸部局のポストを経つつ、行政管理局担当審議官、郵政事業庁次長、情報通信政策局長などの多様な要職を歴任し、（総務省）総務審議官を最後に退職されました。そして、かねてから関心をもたれていた研究、教育の職に向かわれ、政策研究大学院大学教授に就かれました。同大学では、外国の幹部公務員の短期研修を重視しつつ、名誉教授となられてからも、同大学のグローバルリーダー育成センター所長を務めておられました。この間、本学会において、理事、国際交流委員長を務められ、国際行政学会（ＩＩＡＳ）などとの交流、関係深化に努められました。国際的にも、実務、学術の双方に通じている方として、評価され、ＩＩＡＳでは、研究企画調査諮問委員会（The Programme and Research Advisory Committee、PRAC）の委員、さらに同委員長（2013〜19）を務められました。

　氏は、実務、学術に豊かな経験と関心、学識をもたれ、本学会に貴重な貢献をされてきました。個人的にも一歳年上で、親しくしていただき、私が国際的な活躍をされるよう期待され、機会もつくっていただきました。そのような心遣いにこたえられなかったことを申し訳なく思っていましたが、それを感じていただかないままに、早く他界されてしまわれました。さらにいろいろと教えていただきたいと思っていたところ、まことに残念です。

（橋本信之　記）

<雑報>

学会記事　2022年度

■　2022年度総会・研究会

　2022年度の日本行政学会の総会・研究会は、2021年度同様、新型コロナウイルス感染防止のため、2022年5月21日、22日にZOOMおよびREMOを活用してオンライン開催となった。報告タイトルに＊が附されているものは、公募報告への応募を経て採択されたものである。また、所属について、博士後期課程在学中の者は大学院と記している。

第1日目　5月21日（土）

◆研究会　9：30〜11：30

◇共通論題 I　「行政とジェンダー」

　　報告者：出雲　明子（明治大学）

　　　　　　　「公務で女性職員の管理職への登用がなぜ進まないのか―人事制度・運用への着目―」

　　　　　　秋朝　礼恵（高崎経済大学）

　　　　　　　「スウェーデンにおける公務部門の男女機会均等―国家公務員を中心に―」

　　　　　　大西　祥世（立命館大学）

　　　　　　　「男女共同参画行政」

　　討論者：北山　俊哉（関西学院大学）

　　司会者・討論者：西村　美香（成蹊大学）

◆総会　　12：30〜13：30　事業報告、各委員会報告、決算報告、次年度予算審議、その他

◆研究会　13：30〜15：15

◇分科会A 1　「ローカル・ガバナンス」

　　報告者：飯塚　智規（城西大学）

　　　　　　　「地区防災計画制度に見るガバナンスのインタラクション」

　　　　　　戸川　和成（千葉商科大学）

　　　　　　　「ソーシャル・キャピタルの世代間継承は都市ガバナンスのQOLを改善させるのか」

　　　　　　宇佐美　淳（法政大学）

　　　　　　　「コロナ禍のコミュニティ・ガバナンスにおける自治体職員の役割に関する研究―"Community-Level　Bureaucracy"としての地域担当職員制度に関する分析を通して―」＊

討論者：西田　奈保子（福島大学）・武岡　明子（札幌大学）

司会者：武岡　明子（札幌大学）

◇分科会Ａ２　「政策評価の実施・影響プロセスの実証研究」（公募企画）

報告者：西出　順郎（明治大学）

「政策評価研究の黄昏」

益田　直子（拓殖大学）

「評価の影響―影響メカニズムに関する立法府と行政府の比較分析―」

田辺　智子（国立国会図書館）

「評価の実施・影響プロセスの分析枠組み―政策学習と評価影響の概念を基に―」

討論者：田辺　国昭（国立社会保障・人口問題研究所）

司会者：田中　秀明（明治大学）

◇国際交流分科会Ⅰ（使用言語：英語）　Government Policy and Economy under New Technological Transformation

報告者：Sang Chul Park（Tech University of Korea）

"The Fourth Industrial Revolution and Smart Cities in the Digital Economy:What are Their Roles in Sustainable Economic Development during and after the Pandemic?"

Jongseong Lee（Ministry of Health and Welfare,Korea）

"Benefit and cost of government policies on COVID-19:Evidence from card transaction data and mobile movement data in Korea"

討論者：Masao Kikuchi（Meiji University）

司会者：Hiroko Kudo（Chuo University）

◆研究会　15：40～17：25

◇分科会Ｂ１　「外務省の組織と作用」

報告者：三上　真嗣（同志社大学大学院）

「外務省の評価管理とガバナンス―大臣官房における国内行政と国際行政の交錯―」＊

芦立　秀朗（京都産業大学）

「外務省の組織・人事の変容と援助行政―国内政策としての外交―」

討論者：竹本　信介（大阪学院大学）

司会者：坂根　徹（法政大学）

◇分科会Ｂ２　「デジタル・ガバメントの現状と可能性」

報告者：岩崎　和隆（神奈川県庁）

「デジタル時代の地方公共団体の情報システムの考察－情報システ

　　　　ム標準化と共同化の比較検討－」＊
　　　　河　　昇彬（韓国外国語大学）
　　　　　　「コロナ対応におけるデジタル行政活用の日韓比較と展望」
　　討論者：松岡　清志（静岡県立大学）
　　司会者：横山　麻季子（北九州市立大学）
◇分科会Ｂ３　「オーサートーク　縣公一郎・稲継裕昭編『オーラルヒストリー　日
　　　本の行政学』（勁草書房、2020年）をめぐって」
　　スピーカー：縣　公一郎（早稲田大学）
　　　　　　　今里　佳奈子（龍谷大学）
　　　　　　　曽我　謙悟（京都大学）
　　モデレーター：牧原　出（東京大学）
◆ポスターセッション「行政研究のフロンティア」　15：00～16：30
　　　　林田　怜菜（人と防災未来センター）
　　　　　　「災害弱者としての女性に寄り添う避難所運営ノウハウの発見と共
　　　　　　有化」
　　　　和足　憲明（創価大学）
　　　　　　「政官界の汚職に対する検察捜査―先行研究の整理を中心とし
　　　　　　て―」
　　　　松村　智史（東京都立大学）
　　　　　　「子ども行政をめぐる中央省庁の行政組織の資源・権限に関する一
　　　　　　考察―こども家庭庁の創設をめぐる議論に着目して―」
　　　　神﨑　史恵（中央大学大学院）
　　　　　　「持続可能な産業遺産活用のためのネットワークガバナンスの発展
　　　　　　要件―近代化産業地における鉄道遺産活用事例の分析―」
　　　　吐合　大祐（（公財）ひょうご震災記念21世紀研究機構）
　　　　　　「地域政策と地方自治―政策決定を巡る知事と議会の調和と対
　　　　　　立―」
　　　　役重　眞喜子（岩手県立大学）
　　　　　　「自治体職員の職務の『質』をめぐる課題―ブルシット・ジョブの
　　　　　　実態に着目して―」
第２日目　５月22日（日）
◆研究会　９：30～11：30
◇共通論題Ⅱ　「行政における臨時性」
　　報告者：中村　祐司（宇都宮大学）
　　　　　　「東京五輪行政の臨時性―二つの災事行政が残したもの―」
　　　　　　宮脇　淳（北海道大学・（株）日本政策総研）
　　　　　　「地方分権改革推進委員会事務局を事例とした考察」

永田　尚三（関西大学）

　　　「危機への対応における行政の臨時性・時限性・一時性―災害時新
　　　業務の日常化という臨時性の崩壊にわが国の行政はどのように対応
　　　すべきか―」

　討論者：城山　英明（東京大学）・森　道哉（立命館大学）

　司会者：土山　希美枝（法政大学）

◆研究会　12：30～14：15

◇分科会Ｃ１（若手対象企画）　「若手研究者の交流―ここが知りたい方法論とキャ
リア―」

　　＜テーマ１「方法論」＞

　登壇者：小林　悠太（東海大学）

　　　　　林　嶺那（法政大学）

　　　　　柳　至（立命館大学）

　　＜テーマ２「キャリア」＞

　登壇者：太田　響子（愛媛大学）

　　　　　河合　晃一（金沢大学）

　　　　　川島　佑介（茨城大学）

　モデレーター：小田　勇樹（日本大学）・関　智弘（熊本県立大学）

◇分科会Ｃ２（ラウンドテーブルJSPA Note）　「諮問機関を読み解く」

　話題提供：秋吉　貴雄（中央大学）

　　　　　　　「国土交通省・地域公共交通の活性化及び再生の将来像を考える懇
　　　　　　　談会をめぐって」

　　　　　　打越　綾子（成城大学）

　　　　　　　「環境省・社会福祉施策と連携した多頭飼育対策に関する検討会を
　　　　　　　めぐって」

　　　　　　高橋　洋（都留文科大学）

　　　　　　　「内閣府・再生可能エネルギー等に関する規制等の総点検タスク
　　　　　　　フォースをめぐって」

　討論者：青木　栄一（東北大学）

　モデレーター：手塚　洋輔（大阪公立大学）

◆研究会　14：40～16：25

◇分科会Ｄ１　「自治体政策の国際比較」

　報告者：源島　穣（山形大学）

　　　　　　「Brexit後の地域再生政策―新たな社会的包摂の試み？―」

　　　　　鈴木　隆志（日本大学）

　　　　　　「アメリカの都市政策の特質―都市レジーム・アプローチの視点か
　　　　　　ら―」

　　　　討論者：松並　潤（神戸大学）

　　　　司会者：久邇　良子（東京学芸大学）

◇分科会Ｄ２　「観光と行政学」

　　　　報告者：宮﨑　友里（立教大学）

　　　　　　　　「客観的地域イメージをめぐる地方自治体の観光政策と地域社会の
　　　　　　　　自己認識」

　　　　　　　　三浦　正士（長野県立大学）

　　　　　　　　「大都市における観光政策と住民協働―政令指定都市の観光政策の
　　　　　　　　比較検討からの考察―」

　　　　討論者：森　裕亮（青山学院大学）

　　　　司会者：三浦　哲司（名古屋市立大学）

◇国際交流分科会Ⅱ（使用言語：英語）　Sport Policy as a Driver of other Areas of
　Public Policy:an international comparison

※IRSPM (International Research Society for Public Management) の "Governing Sport
　-Social Value Creation for the Communities of Tomorrow" パネルとの共催

　　　　報告者：Joyce Liddle（Newcastle Business School,UK）

　　　　　　　　"Levelling Up in England: How can sport be linked to other policy fields
　　　　　　　　to create more sustainable communities and community well-being/
　　　　　　　　healthy living"

　　　　　　　　Andrea Garlatti（University of Udine,Italy）

　　　　　　　　"New challenges for service dominant logic and value co-creation in serv-
　　　　　　　　ice ecosystems:sport events in a pandemic era"

　　　　　　　　Gianluca Antonucci（"G.d'Annunzio"University of Chieti-Pescara）
　　　　　　　　&Gabriele Palozzi(University of Rome Tor Vergata）

　　　　　　　　"The promotion of sport and physical activity,based on m-health,for the
　　　　　　　　prevention of cardiovascular diseases"

　　　　討論者：Shugo Shinohara（Keio University）

　　　　司会者：Hiroko Kudo（Chuo University）

『年報行政研究』第59号　公募要領

　日本行政学会では、1994年5月発行の『年報行政研究』第29号より、年報という発表の場を広く会員に開放し、行政学の研究水準を引き上げ、年報の充実を図るために、年報委員会による企画編集とは別に、論文・研究ノートの公募を行ってきました。

　より多くの会員に投稿していただくことを目的として、第57号より、これまで同様の論文および研究ノートに加え、書評論文および研究動向論文を募集しております。下記の要領にしたがい、積極的にご応募ください。

1　応募資格

　2023年5月末日現在におけるすべての個人会員とします。共著の場合、ファースト・オーサー以外の共著者については、必ずしもこの要件を満たしている必要はありませんが、その場合でも、掲載時までにすべての共著者が必ず個人会員になっていることが要件となります。入会申請については、学会ウェブサイトをご覧ください。

2　応募区分

　以下の四つの区分を設けます。各区分の説明は例示です。ご不明の点は年報委員会までお問い合わせください。

A）論文：新規性を有するまとまった研究成果を論じるもの。

B）研究ノート：研究の中間報告や調査結果の速報を行うもの。

C）書評論文：一つないし複数の著書を対象に論じるもの。

D）研究動向論文：複数の論文や著書を題材として、一定の研究テーマや研究分野について論じるもの。

3　テーマ・内容

　応募者の自由とします。

4　二重投稿の禁止

　他誌などに既発表・掲載決定済みまたは投稿中・投稿予定の論文・研究ノート等と同一内容の論文を投稿することはできません。

　全く同一でなくても、その内容がきわめて類似していると判断される場合も二重投稿とみなされる可能性がありますのでご注意ください。また、同一の研究データを不適切に分割することによって、本来一本の論文・研究ノート等として発表すべき内容を、複数の論文・研究ノート等に分割し、それぞれ執筆・投稿することについても、二重投稿とみなされる可能性がありますのでご注意ください。

　ご不明の場合は、年報委員会までお問合せ下さい。

5　応募点数

　原則として論文、研究ノート、書評論文、または研究動向論文のいずれか1点に限ります。

6 分量

　論文、研究ノート、研究動向論文については24,000字以内、書評論文については12,000字以内。

7 締切日時

　2023年9月15日（2023年9月1日以降受け付けます）。

8 審査方法及び審査基準

　別紙査読要領を御覧ください。

9 業績一覧の提出

　応募者は、本人の過去5年間の業績一覧（既発表のものに加えて投稿中のもの及び第59号刊行時までに投稿予定のものも含む。また学会等における口頭報告及び報告予定のものも含む。）を投稿時に必ず提出してください。また、審査の最終段階で、その時点における同様の業績一覧の提出をお願いすることになります。いずれについても提出がなされない場合は、以降の手続きを進めません。

　共著の場合は、全著者について業績一覧を提出してください。

10 誓約書の提出

　応募者は、研究不正がないことを自己申告する誓約書を投稿時に提出してください。誓約書の書式は、学会ウェブサイトよりダウンロードしてください。共著の場合は、ファースト・オーサーが執筆代表者として誓約書を提出してください。

11 書式・原稿送付先・問合せ先等

　学会ウェブサイト掲載の「執筆要領」をそれぞれご参照ください。

12 その他

　全体の応募状況や掲載に至る経緯のあらましなどについて、第59号に年報委員会による簡単な報告を載せます。

日本行政学会年報委員会

査読要領

　投稿された論文、研究ノート、書評論文、研究動向論文が、『年報行政研究』に掲載するものとして適切であるか否か、審査する基準は以下のとおりとします。

<論文>

◆　主題、主張命題、提示された事実、論証方法などに知見の新しさが認められること

◆　主題が明晰で、論旨が一貫していること

◆　先行業績の理解と参照が適切かつ的確であり、章・節・注記などの構成が適切であり、文章表現も明快であること

<研究ノート>

◆　論述が整理されていること

◆　学界における調査研究を刺激する可能性があること

◆　研究の一部分でありながらも一定のまとまりを持ち、適切な完成度をもつこと

<書評論文>

◆　対象著作に対する批評の適切さ

◆　対象著作を基盤としつつ、執筆者自身による検討から引き出される知見の新しさ

◆　対象著作を含む研究テーマについての理解を促進し、今後の同様のテーマに関する研究の発展に資すること

<研究動向論文>

◆　対象として取り上げる論文や著書の選択の適切さ、それらの整理の適切さ

◆　対象とする論文や著書に対する批評の適切さ

◆　当該研究領域、研究分野についての理解を促進し、今後の当該領域、分野の研究の発展に資すること

　３名の査読者がそれぞれ、投稿されたものが掲載可か掲載不可かを判定し、掲載可とする場合は、Ａ（現状のままでの掲載を可とする）・Ｂ（ごく部分的な訂正がなされることを条件に、掲載を可とする）・Ｃ（必要な訂正、加筆がすべてなされることを条件に、掲載を可とする）の３段階で評価することとします。最初の査読でＢもしくはＣ判定をした査読者が過半数となった場合、または査読者の１名がＡ、１名がＢもしくはＣ、そしてあと１名が掲載不可と判断した場合は、ＢもしくはＣ判定をした査読者が修正原稿について再査読を行い、掲載可か掲載不可を判定します。

　最終的に、３名の査読者のうち２名以上が掲載可と判定した場合は年報に掲載できるという原則のもとで、査読委員会が掲載の可否を判断します。

日本行政学会年報委員会

2022−2024年度日本行政学会役員名簿

Why are Women not Promoted to Managerial Positions in National Public Services? :
Focusing on the Personnel System and Management Practice

Akiko Izumo

▷ Abstract :

This paper examines the recruitment of women in the civil service system from the viewpoint of representative bureaucracy and the tension between the recruitment of women and the merit system and neutrality. It shows why promotion of women is not progressing by referencing: the crossroads of women's careers, the promotion of women, and the practice of personnel management in ministries and agencies.

First, the crossroads of women's careers are between the chief and deputy director level. Therefore, even if the indicators of appointment of chief-level officials is achieved by goal management according to the Act on the Promotion of Women's Active Engagement in Professional Life, women's careers cannot easily move past chief and deputy director positions. Regarding women potentially attaining higher positions, human resource development must be promoted, so women officials can acquire the work experience necessary for managerial positions, and expand the scope of work available.

Second, the length of service required for promotion to director of office or division has increased in recent years, though there are early selections of newly-appointed staff members. Each ministry and agency maintain or shorten the length of service required, creating diversity in career development among them. The timing of selection can affect the recruitment of women who may take a break from work.

Third, ministries and agencies that champion the promotion of women advocate recruitment through Type II and III examinations - which are nonelite categories - and applicant screening, alongside utilization of mid-career recruitment and maintenance of a certain number of women officials.

▷ Keywords : Act on the Promotion of Women's Active Engagement in Professional Life; Representative bureaucracy; Merit system; Early selection; Career crossroads

Examining Equal Opportunities for Men and Women in the Swedish Public Sector:
Focusing on Management Appointments in the Ministries under the Central Government

Ayae Akitomo

▷ Abstract :

As with other Nordic countries, Sweden is often noted as a country that has made progress in equal opportunities between men and women. Regardless, the women's appointment in the ministries, which are responsible for planning and formulating national policies, still needs to be investigated. This study focuses on managerial appointments and examines the status of the appointments. The result shows that the total number of female managers and their share of total management positions have increased. This is also the case in the Ministry of Justice, the Ministry of Foreign Affairs, and the Ministry of Finance. Furthermore, this study reveals that female managers tend to be assigned to human resources positions. This trend is apparent in the Ministry of Justice, the Ministry of Foreign Affairs, the Ministry of Defense, and the Ministry of Finance.

▷ Keywords : Equal Opportunity, Sweden, Public Sector, Ministry, Management Appointments

Preventing Harassment in Politics:
Independent Complaints and Grievance Scheme in the UK Parliament and Anti-Harassment Ordinances in Japanese Local Assemblies

Mari Miura

▷ Abstract :

The Gender Parity Law was amended in 2021 to require national and local assemblies to create anti-harassment schemes. Eradicating harassments in politics is an important theme, as they obstruct women from participating in politics. Whereas the Gender Parity Law targets candidates and MPs as victims, actual harassments take places among various actors who participate in politics as a workplace, including clerks, bureaucrats, staff, volunteers for electoral campaign, and reporters. It is crucial to make the political ecosystem a diverse and safe place for women and minorities to realize a mature democracy. The article shows data and incidents of harassment in Japanese politics and introduces the concept of "violence against women." It then provides a detailed account of the Independent Complaints and Grievance Scheme in the UK Parliament, which serves as a useful reference point for Japanese local assemblies to develop their own anti-harassment schemes. By comparing twenty-two anti-harassment ordinances that have been issued, the article argues that it is necessary to create separate bodies for each of the three functions--helpline, investigation, and sanction--and also establish informal resolution system.

▷Keywords : violence against women, women's political participation, anti-harassment policy, the Gender Parity Law

●執筆者一覧（執筆順）●

大谷　基道（獨協大学法学部教授）
出雲　明子（明治大学専門職大学院ガバナンス研究科教授）
秋朝　礼恵（東海大学文化社会学部北欧学科教授）
三浦　まり（上智大学法学部教授）
圓生　和之（神戸学院大学経済学部教授）
木寺　元（明治大学政治経済学部教授）
野田　遊（同志社大学政策学部教授）
白取耕一郎（大谷大学社会学部コミュニティデザイン学科講師）
曽我　謙悟（京都大学大学院法学研究科教授）
嶋田　博子（京都大学大学院公共政策連携研究部教授）
永田　尚三（関西大学社会安全学部教授）
久保はるか（甲南大学全学共通教育センター教授）
前田　貴洋（琉球大学人文社会学部准教授）
伊藤　正次（東京都立大学大学院法学政治学研究科教授）
池田　峻（関西大学総合情報学部准教授）
山田　健（静岡大学人文社会科学部講師）
橋本　信之（関西学院大学名誉教授）

〔年報行政研究58〕

行政とジェンダー

2023年5月31日　発行

©編　者　日　本　行　政　学　会

発　行　株式会社ぎょうせい

〒136-8575　東京都江東区新木場1-18-11
URL：https://gyosei.jp

フリーコール　0120-953-431

ぎょうせい　お問い合わせ　検索　https://gyosei.jp/inquiry/

＜検印省略＞

印刷　ぎょうせいデジタル（株）　　　　　　2023　Printed in Japan
※乱丁・落丁はお取り替えいたします。
ISBN978-4-324-80129-1
ISSN　0548-1570
（5598565-00-000）
〔略号：年報行政58〕

THE ANNALS OF THE JAPANESE SOCIETY FOR PUBLIC ADMINISTRATION

VOLUME 58

Gender in Public Administration

Edited by **THE NIHON GYOUSEI GAKKAI**

Featured Articles

Why are Women not Promoted to Managerial Positions in National Public Services? :
Focusing on the Personnel System and Management Practice
.... Akiko Izumo

Examining Equal Opportunities for Men and Women in the Swedish Public Sector:
Focusing on Management Appointments in the Ministries under the Central Government
.... Ayae Akitomo

Preventing Harassment in Politics:
Independent Complaints and Grievance Scheme in the UK Parliament and Anti-
Harassment Ordinances in Japanese Local Assemblies
.... Mari Miura